诚信为本 操守为重

坚持准则 不做假账

——与学习会计的同学共勉

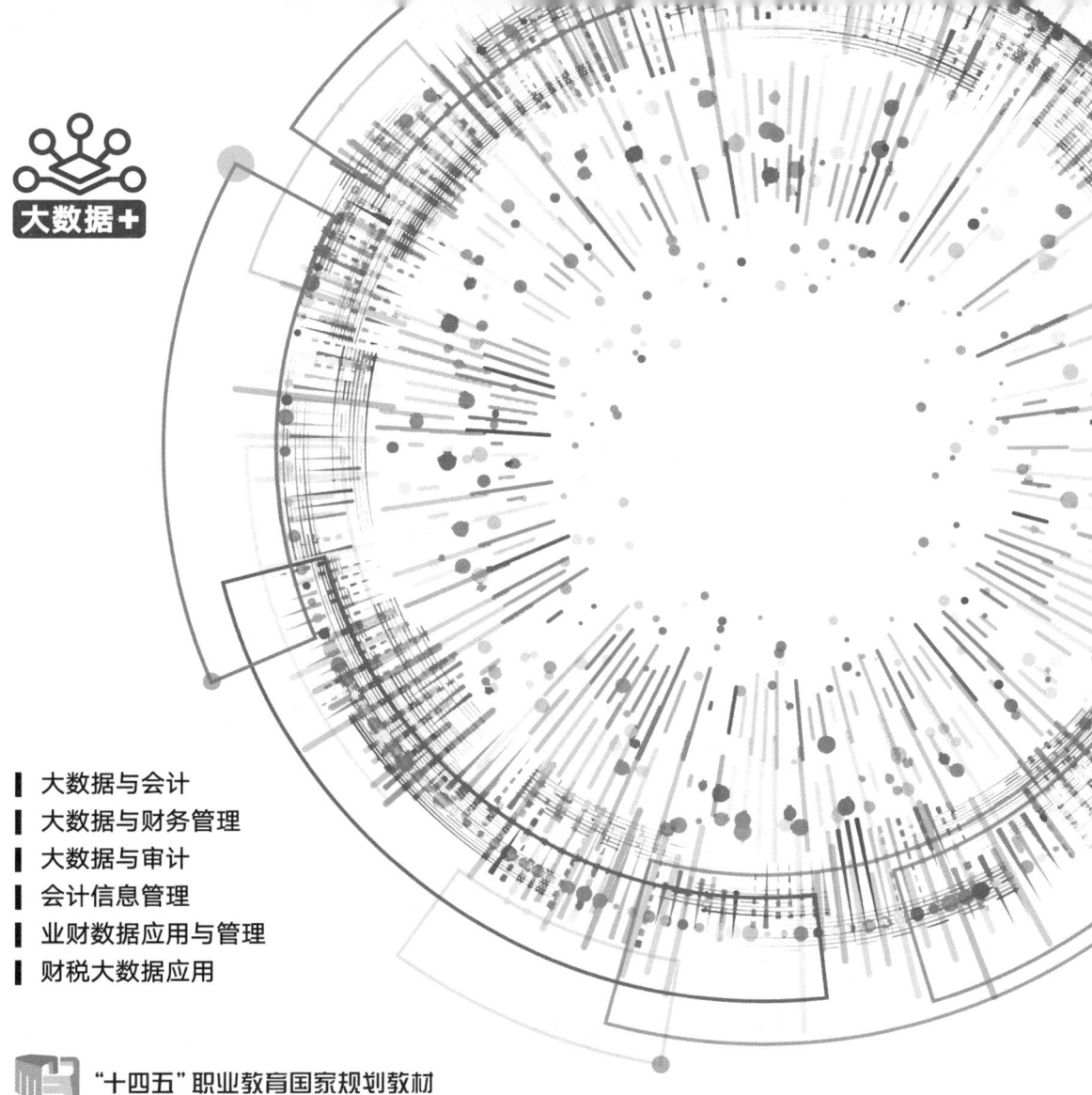

大数据+

▎大数据与会计
▎大数据与财务管理
▎大数据与审计
▎会计信息管理
▎业财数据应用与管理
▎财税大数据应用

"十四五"职业教育国家规划教材

高等职业教育财经类专业群 **数智化财经** 系列教材

icve 智慧职教 高等职业教育在线开放课程新形态一体化教材

Python财务基础

（第二版）

主　编　王新庆　张艺博

副主编　李彦勤　李亦雯　谌　冬　侯　勇

中国教育出版传媒集团

高等教育出版社·北京

内容提要

本书是"十四五"职业教育国家规划教材、高等职业教育财经类专业群数智化财经系列教材之一，也是高等职业教育在线开放课程新形态一体化教材。

本书以《职业教育专业目录（2021年）》《职业教育专业标准》（2025年）中财务会计类专业内涵建设为目标，对标企业财会类工作岗位的新要求和数智化时代企业的数字化转型的新需求，为学生构建 Python 语言基础知识体系，搭建一座连接财会岗和IT 岗的沟通之桥。本书主要内容包括 Python 基础知识，财务信息的输出与输入，财务数据的存储——字符串、列表、字典，财务中的判断、循环，以及财务中的固定流程重复调用——函数与参数传递、pandas 数据分析基础、Python 趣味拓展等。本书以计算机思维逻辑和财会思维逻辑的异同为切入点，精选财会岗典型工作业务场景，尝试从计算机的视角，以 Python 语言为工具，解决财会岗具体工作场景中的常见问题，培养财会岗工作人员具备与IT 岗工作人员进行有效沟通的能力，使财会岗能够更好地赋能大数据时代企业数字化转型的根本目标。

本书配有教学课件、参考答案、软件安装包、代码包，授课教师如需获取，请登录"高等教育出版社产品信息检索系统"（xuanshu.hep.com.cn）免费下载。本书还配有二维码链接的视频资源，学习者可以通过移动终端随扫随学。

本书可作为高等职业教育专科、本科院校及应用型本科院校财务会计类专业和财经商贸类相关专业的教学用书，还可以作为社会从业人员学习 Python 语言和从事企业财务工作的参考用书。

图书在版编目（CIP）数据

Python 财务基础 / 王新庆，张艺博主编. -- 2 版.
北京 : 高等教育出版社，2025. 6. -- ISBN 978-7-04
-064970-3

Ⅰ. F275

中国国家版本馆 CIP 数据核字第 20254TG191 号

Python财务基础（第二版）
PYTHON CAIWU JICHU

策划编辑	贾玉婷	责任编辑	贾玉婷	封面设计	李树龙	版式设计	马 云
责任绘图	于 博	责任校对	高 歌	责任印制	赵义民		

出版发行	高等教育出版社	网　　址	http://www.hep.edu.cn
社　　址	北京市西城区德外大街 4 号		http://www.hep.com.cn
邮政编码	100120	网上订购	http://www.hepmall.com.cn
印　　刷	山东润声印务有限公司		http://www.hepmall.com
开　　本	787 mm×1092 mm　1/16		http://www.hepmall.cn
印　　张	14.75	版　　次	2021 年 11 月第 1 版
字　　数	280 千字		2025 年 6 月第 2 版
购书热线	010-58581118	印　　次	2025 年 6 月第 1 次印刷
咨询电话	400-810-0598	定　　价	45.80 元

第二版前言

党的二十大报告明确提出，推进教育数字化，建设全民终身学习的学习型社会、学习型大国。为贯彻落实这一精神，本书紧扣国家"新商科建设"与"数字化人才培养"战略，创建"学科交叉＋技术赋能＋产教融合"三维育人模式，推动财经类专业教育数智化转型。

本书由河南经贸职业学院联合中教畅享科技股份有限公司、河南创学团大数据技术股份有限公司等企业共同编写。编者通过问卷调查、数据收集和分析，梳理了财税相关岗位的能力要求，发现大部分企业会要求财务人员掌握数据分析工具和自动化技能。财务工作的核心正从"记录过去"转向"预测未来"，从"手工操作"转向"智能决策"。基于此，本书旨在培养既具备扎实财经知识，又掌握前沿数字技术的复合型人才。

自本书第一版出版以来，数字化浪潮席卷各行各业，财务领域更是经历了深刻变革。人工智能、大数据、云计算等技术的飞速发展，使得传统财务工作模式逐渐被颠覆，企业对财经人才的要求也在不断迭代升级。为更好地适应新时代的教育需求，本次再版我们充分吸纳了行业前沿动态与教学实践反馈，对教材内容进行了全面优化与更新。

在本次再版中，我们特别加入了 Raptor 工具的相关内容，并对原书的第 13 到 15 章进行了重新整合，优化为 2 章。这些调整旨在降低学习难度，提升学习效率，使内容更加契合当前学生的学习需求。我们还希望通过这些改进，帮助学生更好地理解计算机编程逻辑，促进财会人员与 IT 人员的有效沟通。

本书具有以下特色：

1. 融入课程思政，寓德于教

将专业知识与课程思政元素有机结合，通过设置"素养目标"和"知行合一"栏目，注重思政案例实效性和与专业内容的融合性，培养学生的职业道德和社会责任感。

2. 跨专业团队，校企合作

本书由河南经贸职业学院党委书记王新庆和智能财经学院院长张艺博总体设计，联合校内外财会、金融、计算机专业教师和企业专家共同编写，确保内

容贴合行业需求。

3. 贴合教学实际，量身打造

教材在编写过程中充分考虑职业院校财经商贸类专业学生和教师的实际情况，通过多阶段的试用和反馈，不断优化内容，使之更契合教学需求。

4. 两种思维融通，实践性强

通过财会工作领域的编程示例，帮助学生理解计算机思维逻辑，突出财务实践、兼顾财务理论、原创性高，能够满足大数据背景下的财经商贸类专业对Python语言的学习需求，并为学习财务大数据分析等课程奠定基础。

5. 引入流程图形工具，易于理解

使用 Raptor 工具，通过拖拽固定模块完成程序设计，降低学习难度，提升学习效率，助力财会人员与 IT 人员的有效沟通。

6. 配套立体化资源，便利教学

本书配备演示视频、二维码链接资源、教学课件、程序安装包、代码包等数字化资源，并在智慧职教平台 MOOC 学院开设"Python 财务基础"课程，形成全方位教学支持体系。

本书的编写初衷是为培养财务会计类专业学生的逻辑思维能力，同时也适合财经商贸类专业下的财会税务类、金融类、统计类、电子商务类等有数据分析诉求的专业使用。建议作为一门专业基础课，在大一第二学期开设。

本书由河南经贸职业学院党委书记王新庆、河南经贸职业学院智能财经学院院长张艺博任主编，河南经贸职业学院李彦勤、李亦雯、谌冬、侯勇任副主编。具体分工为：第 1、2、7、11、12 章由河南经贸职业学院张艺博编写；第 3、4、5、6 章由河南经贸职业学院李彦勤编写；第 8 章由中教畅享科技股份有限公司的邵振亚编写；第 9 章由河南经贸职业学院王新庆编写：第 10 章由河南经贸职业学院侯勇编写；第 13 章由河南经贸职业学院李亦雯编写；第 14 章由河南经贸职业学院谌冬编写。

尽管我们力图做到尽可能使用财务业务做案例，使用财务专业学生能接受和理解的表述方式，使用更多的流程图来代替具体的代码编写，也在多所院校的不同专业学生和教师中做了讲义试用测试，并根据反馈进行了反复修改，但是最终在出版时，我们依旧怀有忐忑之心。教育事业任重道远，教材编写更需精益求精。我们希望广大读者在具体阅读中，教师能在具体教学使用中，提出更多宝贵的意见与建议。请将您的意见和建议发至 zhangyibo@henetc.edu.cn，我们将在后续版本中不断修正完善。

编　者

2025 年 4 月

第一版前言

习近平总书记在党的二十大报告中指出，要"统筹职业教育、高等教育、继续教育协同创新，推进职普融通、产教融合、科教融汇，优化职业教育类型定位。加强基础学科、新兴学科、交叉学科建设，加快建设中国特色、世界一流的大学和优势学科。"2021年3月，教育部发布了《职业教育专业目录（2021年）》，其中会计、审计、财务管理专业正式更名为"大数据与会计""大数据与审计""大数据与财务管理"，财政和税务专业合并、更名为"财税大数据应用"。这表明财务会计类、财政税务类等一大批传统财经类专业将快速朝大数据方向转型。本书全面贯彻党的二十大精神，积极响应专业升级与数字化改造新趋势，将 Python 这一大数据技术和财务这一传统学科交叉融合起来，在财务会计领域引入先进的信息技术与数字技术，走出一条学科融合的新赛道。

专业建设的核心是课程建设，课程建设的基础是教材建设。推进新目录背景下新课程教材建设需要着重考虑两个方面的因素，一是基于外部动因的社会对人才培养的新需求，二是基于内在动因的新专业目录下专业教学标准建设。鉴于此，编者从解读研究新专业目录着手，联合中教畅享（北京）科技有限公司、重庆翰海睿智大数据科技股份有限公司等企业，开展了财税相关岗位能力要求的问卷调查、数据收集、数据分析等一系列调研活动。在数据样本足够复杂、数据量足够庞大、数据采样覆盖面广的情况下，对调研结果进行了大数据分析。

在调研过程中，编者发现当前各类企业对财务从业人员的要求越来越高，传统的财务知识和技能体系已经不能满足企业发展的需求。企业强烈需要提升员工的技能，隐藏在此现象背后更深层次的原因则是整个财务行业都面临着转型。在问卷和需求调研中，我们梳理了财务工作的业务流程，发现越来越多的传统财务工作，例如录入、核算、制表、分析、纳税、审计、预算等环节，都已经或者正在被人工智能、大数据和云计算等新技术所渗透、改变和替代。新时代财经从业者，需掌握的知识重点应该逐步转化为对各种财务规则的分析及咨询，财务流程的设计和优化，财务数据的挖掘、预测、分析和呈现等。

本书并不要求财务人员会编写 Python 程序，而是将 Python 语言作为一种财务数据的收集、清洗、分析和呈现的工具，让财务相关专业的学生了解 Python

语言并能用流程图的方式梳理财务工作流程，完成和 IT 人员的有效沟通与交流。因此，本书旨在让财务相关专业的学生能理解计算机的思维方式和方法，了解财务思维和计算机思维的异同，并尝试与工作岗位中 IT 部门相关人员进行有效沟通，以达成对财务业务的数据化改造和流程自动化再造。

本书具有以下特点：

1. 编写团队跨专业融合，校企合作，多元开发

本书由河南经贸职业学院校长王新庆和河南经贸职业学院智能财经学院副院长张艺博总体设计并规划教材编写思路及框架，以学校财会、金融、计算机专业教师团队为基础，中教畅享（北京）科技有限公司的企业专家参与，共同组建编写团队。

2. 有效融入课程思政，紧贴时政，寓德于教

教材编写过程中，编写团队高度注重课程思政的建设，多次向计算机、会计和金融等专业教师和思政课专任教师取经，将专业知识和课程思政元素有效地融于一体。这期间几易其稿，删繁从简，最终形成了与本课程内容相契合的课程思政元素和案例，以"素养目标"和"知行合一"栏目在书中体现。思政案例的编写注重实效性和专业内容的融合性，保证学生读得进、理解深，为实现为党育人、为国育才的教育目标提供一个切实可行的方法和路径。

3. 贴合师生实际情况，量身打造，适合教学

本着一切从职业院校财经商贸类专业学生和教师的实际情况出发的原则，教材在编写之初进行了三个阶段的尝试。第一阶段是计算机教师给财会教师讲 Python，探讨财会教师能接受的程序编写程度；第二阶段是计算机教师和企业人员一起给财经商贸类专业的学生讲 Python，掌握财务会计类专业学生的接受程度；第三阶段是让学生、企业的专家和财经商贸类专业的教师共同参与到教材讲义的试用环节，找到财会和计算机领域的契合点。

4. 两种思维相互融通，深入浅出，实践性强

本书在财务数字化转型的大背景下，尝试让财会人员去理解计算机的思维逻辑，以期达到 IT 充分赋能财务的根本目标。为方便财经商贸类专业学生更好地理解计算机编程语言，本书尽可能多地选取财会工作领域内容作为编程示例应用场景，通过控制大部分程序在六行以内降低学习难度，突出财务实践、兼顾财务理论、原创性高，能够满足大数据背景下的财经商贸类专业对 Python 语言的学习需求，并为以后学习财务大数据分析等课程奠定基础。

5. 引入编程图形工具，流程易懂，拖拽实现

使用计算机编程流程图软件 Raptor，通过拖拽固定模块的方式完成可执行的计算机程序，实现在不考虑语法规范和算法编写的前提下检测程序，极大地提升学生的学习效率，实现财会人员和 IT 人员用流程图进行沟通的目标。本部

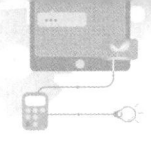

分内容在书中以二维码视频讲解的形式呈现，以供师生学习使用。

6. 经过教学实践检验，师生互促，效果良好

本书在出版之前首先以教学活页讲义的方式在河南经贸职业学院2020级两个专业中开展教学实践，覆盖400余名学生。教学过程中，根据任课教师及不同专业学生的及时反馈，本书内容得到不断完善和改进，使之更契合高职学生的学习特点。

7. 课程资源立体配套，资源丰富，高效整合

针对各学校都面临师资匮乏、开课困难的现状，本书专门配置了演示视频二维码链接资源、教学课件、程序安装包和代码包，数字化教学资源丰富。同时，在智慧职教平台MOOC学院开设"Python财务基础"课程，形成可学、可练、可测试的全方位立体化教学资源，为院校开展课程教学提供便利。

本书由河南经贸职业学院校长王新庆、河南经贸职业学院智能财经学院副院长张艺博任主编，河南经贸职业学院李彦勤、李亦雯、谌冬任副主编。王新庆负责统一组稿，张艺博负责本书的协同编写工作。具体分工为：第1、2、11、14章由河南经贸职业学院张艺博编写；第3、4、5、6章由河南经贸职业学院李彦勤编写；第7、8、10、12章分别由中教畅享（北京）科技有限公司段继凝、王淼、渠子珠、李志杰编写；第9章由河南经贸职业学院王新庆编写；第13章由河南经贸职业学院李亦雯编写；第15章由河南经贸职业学院谌冬编写。

本书的编写初衷是为培养财务会计类专业学生逻辑思维能力，同时也适合财经商贸类专业下的财政税务类、金融类、统计类、电子商务类等有数据分析诉求的专业使用。建议作为一门公共素养课，在大一第二学期开设。

最后，特别感谢河南经贸职业学院刘彧对本书前六章文字进行的大量修改工作，裴怀亮同学对所有书稿格式上的整理以及思维导图的梳理工作。此外，本书的出版还得到了河南经贸职业学院各级领导和同事、创学团全体同学、中教畅享（北京）科技有限公司部分企业专家的支持，在此一并感谢。

历经一年时间的探讨与编写，本书终于要面世了。尽管我们力图做到尽可能使用财务业务做案例，使用财务专业学生能接受和理解的表述方式，使用更多的流程图来代替具体的代码编写，也在不同专业的学生和教师中做了讲义试用测试，并进行反复修改，但是最终在出版时我们依旧感到忐忑和不安。我们也希望读者能在具体阅读中，教师能在具体教学使用中，提出更多宝贵的意见和建议，请发邮件至 zhangyibo@henetc.edu.cn，我们将在后续的版本中不断修正完善。

编　者

2023 年 6 月

目 录

目录

第 1 章
Python 学习的开始

1

学习目标 ▶▶▶

知识目标

1. 了解 Python 编程语言。
2. 了解 Python 语言的第三方平台。

技能目标

1. 能够完成 Python 程序的安装。
2. 能够完成 PyCharm 平台的安装配置。
3. 能够完成自己的第一个 Python 程序。

素养目标

1. 引导财会专业学生通过学习计算机 Python 语言知识培养计算机逻辑思维。
2. 引导学生认知掌握计算机知识能给财务工作带来什么帮助。

逻辑维度目标

1. 了解普遍存在的顺序结构。
2. 了解步骤与步骤之间的阶梯与递进关系。

思维导图 ▶▶▶

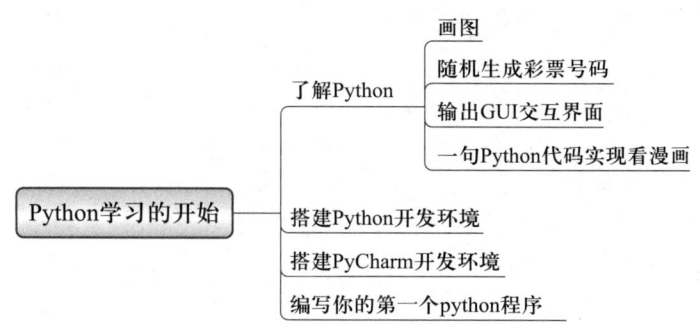

Python 是什么？

程序员说，它是当下最热门的计算机编程语言。

网友们说，我看到过有关中小学要开设 Python 编程课程的新闻。

财务人员说，我最近听到 Python 这个词的频率越来越高。

其实，Python 就是一门普通的计算机语言，只不过现阶段越来越多的人开始学习和使用它。

Python 能干什么？

编程语言能干什么，它就能干什么，这是它基本的功能。由于 Python 的语法设计非常简洁和人性化，因此，Python 的应用迅速在各个行业中流行。

总之，Python 是迄今为止最接近人类语言的高级计算机语言。在高校面临专业升级和数字化改造的今天，未来财务工作者会越来越多地接触到大数据和机器人。因此，理解大数据和机器人的逻辑思维方式就显得特别重要。具体到工作岗位的需求来讲，财务工作者未来一定要学会和 IT 工作者协同开展工作。Python 为此提供了一种可能性，打开了一扇窗，开辟了一条财务工作者了解机器流程化思维方式的通道。本书将带领学习者一起认识 Python，进而探索其在财务工作中的具体应用。本书正是为实现财务工作者和 IT 工作者两类工作人员的流畅沟通而编写的。

1.1　了解 Python

选择 Python 作为学习对象的第一个理由是：Python 不但具有任何一门计算机语言都具有的功能，而且比其他计算机语言更简洁、更易懂、更人性化。财务会计类专业的同学学习 Python 的主要目标是学习计算机语言的逻辑结构，掌握计算机处理问题的流程。那么规定多、要求复杂的计算机语言便不适合学习。

第二个理由是：全世界有无数的爱好者在为 Python 写各种各样的库，通过引入库，Python 几乎可以轻松做任何事。例如，大数据时代财务会计类专业的转型和数字化改造中所用的数据分析和流程自动化，都可以通过 Python 来实现。严格意义上讲，如果财务人员能精通 Python，那么基本上现有的数据分析工具和流程自动化机器人都可以搁置一边，因为只要引入合适的第三方库，Python 就能完成这些工作。但是，鉴于让现有财务工作者去精通 Python 是一件不现实的事情，所以本书的最终目的是在财务工作者和 IT 工作者之间搭建一座互相了解和沟通的桥梁，这座桥梁将财务人员熟知的财务工作流程和 IT 工作者熟悉的程序设计流程连接起来。下面从搭

微课：Python 财务基础说课

3

建 Python 运行环境和 PyCharm 运行环境来了解它。

如图 1-1 所示,左边的"搭建 Python 运行环境"是 Python 程序本身,没有它就没法运行 Python。右边的"搭建 PyCharm 运行环境"是可以运行 Python 的一个适合初学者学习的平台。

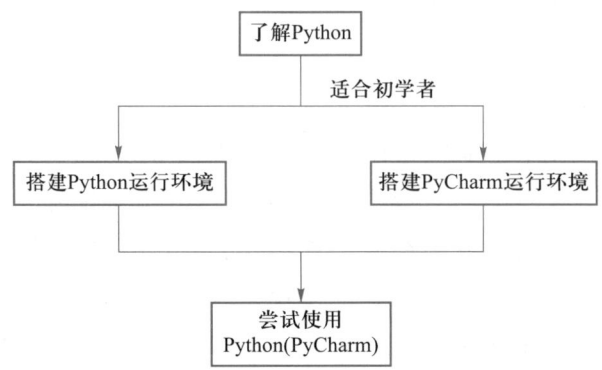

图 1-1　认识 Python 的两种运行环境

下面展示一下:一句 Python 代码到底能干什么?

【示例 1-1】画图。

输出心形图案的代码如下:

```
print('\n'.join([' '.join([('Love'[(x−y) % len('Love')] if ((x*0.05)**2+(y*0.1)**2−1)**3−(x*0.05)**2*(y*0.1)**3 <= 0 else '  ') for x in range(−30, 30)]) for y in range(30, −30, −1)]))
```

运行代码,结果如图 1-2 所示。

```
            veLoveLov              veLoveLov
        eLoveLoveLoveLove      eLoveLoveLoveLove
      veLoveLoveLoveLoveLoveLoveLoveLoveLoveLov
     veLoveLoveLoveLoveLoveLoveLoveLoveLoveLoveL
    veLoveLoveLoveLoveLoveLoveLoveLoveLoveLoveLov
    eLoveLoveLoveLoveLoveLoveLoveLoveLoveLoveLove
    LoveLoveLoveLoveLoveLoveLoveLoveLoveLoveLoveL
    oveLoveLoveLoveLoveLoveLoveLoveLoveLoveLoveLo
    veLoveLoveLoveLoveLoveLoveLoveLoveLoveLoveLov
    eLoveLoveLoveLoveLoveLoveLoveLoveLoveLoveLove
     oveLoveLoveLoveLoveLoveLoveLoveLoveLoveLove
     eLoveLoveLoveLoveLoveLoveLoveLoveLoveLove
     LoveLoveLoveLoveLoveLoveLoveLoveLoveLoveL
      oveLoveLoveLoveLoveLoveLoveLoveLove
       eLoveLoveLoveLoveLoveLoveLoveLove
        veLoveLoveLoveLoveLoveLoveLov
         oveLoveLoveLoveLoveLoveLo
          LoveLoveLoveLoveL
           LoveLoveLoveLov
            LoveLoveL
              Lov
               v
```

图 1-2　一句代码输出心形图案

【示例 1-2】随机生成彩票号码。

一句代码可实现随机生成彩票号码功能,代码如下:

```
from random import sample; print('Lotto numbers: %s' % sample(range(1, 50), 6))
```

运行代码,结果如图 1-3 所示。

【示例 1-3】输出 GUI 交互界面。

输出一个 GUI 图形化界面，代码如下：

```
from tkinter import *;root = Tk( );w = Label(root, text=' 你好！学 Python 的财务人！ ');
w.pack( );root.mainloop( )
```

运行代码，结果如图 1-4 所示。

```
Lotto numbers: [47, 43, 8, 38, 20, 30]
```

图 1-3　随机生成彩票号码

图 1-4　输出 GUI 图形化界面

术语箱

图形用户界面（Graphical User Interface，简称 GUI），是指人和计算机交流互动的图形化界面。

【示例 1-4】一句 Python 代码实现看漫画。

代码如下：

```
import antigravity
```

运行代码，结果如图 1-5 所示。

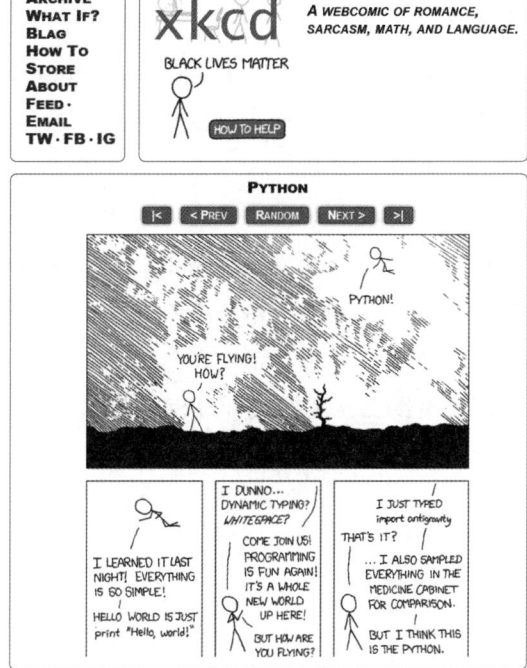

图 1-5　一句 Python 代码输出漫画

以上是 Python 简单应用的几个例子，其实，通过修改代码，Python 还可以画出更多更为复杂的图形，比如一朵玫瑰花，或者一只加菲猫。

除此之外，Python 还能完成自动回复 QQ、微信等聊天工具的简单机器人工作，还可以用照片做个二维码，也能够让 Python 程序识别图片中的文字等。

Python 在财务方面的具体的运用很多，如企业的业务招待费扣除限额计算、固定资产计提折旧、租金计算、预算编制、现金流折现、证券投资组合回报率计算等，都可以通过 Python 来实现。

Python 也具有与大数据财务分析相关的功能。比如分析财务数据并呈现，通过对几十甚至上百张 Excel 表格数据进行爬取、清洗、整合，从而进行财务分析和财务预算，Python 都是最简单有效的方式。对于新时代的财务工作者而言，学习 Python 的主要目的并非去掌握纷繁复杂的编码，而是通过对计算机程序思维方式和逻辑体系的体验，找到 Python 在财务工作中具体应用的场景，通过和专业 IT 工作者的有效沟通，推进财务工作流程的智能化。

🔧 知行合一

Python 的创始人为荷兰人吉多·范罗苏姆（Guido van Rossum）。1989 年圣诞节期间，在阿姆斯特丹，Guido 为了打发假期时间，他居家静心研究并开发了 Python 语言的编译器和解释器，作为 ABC 语言的一种继承。之所以选中 Python（大蟒蛇）作为该编程语言的名字，是因为 Guido 是英国 20 世纪 60—70 年代首播的电视喜剧《蒙提·派森的飞行马戏团》（Monty Python's Flying Circus）的爱好者。

此后，他对 Python 不断进行优化，而今在全世界范围内流传。

党的二十大报告指出，教育、科技、人才是全面建设社会主义现代化国家的基础性、战略性支撑。必须坚持科技是第一生产力、人才是第一资源、创新是第一动力，深入实施科教兴国战略、人才强国战略、创新驱动发展战略，开辟发展新领域新赛道，不断塑造发展新动能新优势。大学作为人生中学习能力和创造能力最旺盛的时期，要对新鲜事物充满热爱，跟上技术更新迭代步伐，将有限的时间和精力花费在更有意义和更有价值的事情上，不断提升技术技能水平，成为创新型人才。

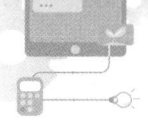

1.2 搭建 Python 开发环境

本书以计算机 Windows 10 操作系统为例，介绍安装和使用的 Python 软件版本为 3.13.3。下面开始介绍安装 Python 程序和搭建 Python 程序运行环境的内容。

1. 查看计算机操作系统的位数

和大多数软件一样，Python 分别针对 32 位操作系统和 64 位操作系统推出了不同的安装包，所以安装 Python 前，需要先查看计算机操作系统的位数。

如图 1-6 所示，在桌面图标"此电脑"处单击右键，选择"属性"菜单项，弹出如图 1-7 所示的"系统"窗体，在"系统类型"标签处可以查看操作系统是 64 位还是 32 位，图 1-7 中所展示的计算机操作系统的位数是 64 位。

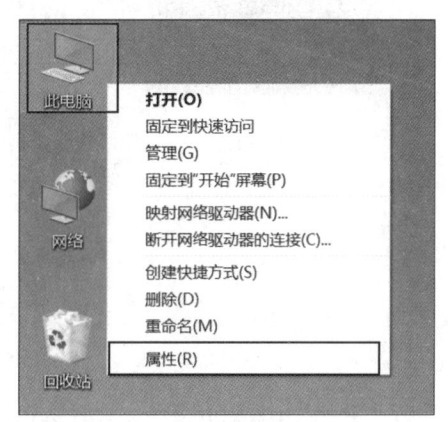

图 1-6　计算机属性

图 1-7　查看计算机操作系统位数

2. 下载 Python 安装包

（1）打开浏览器，搜索 Python 官方网站，进入 Python 官方网站，如图 1-8 所示。将鼠标移动到"Downloads"菜单上，单击"Windows"菜单项，进入详细下载列表，如图 1-9 所示。

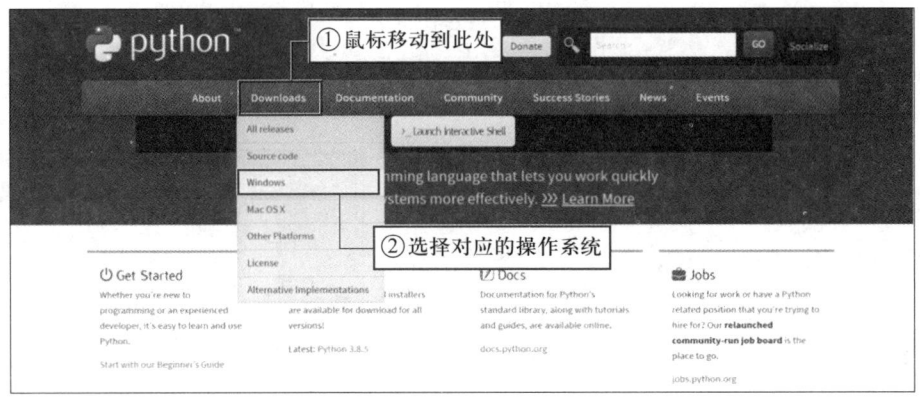

图 1-8　单击"Windows"菜单项

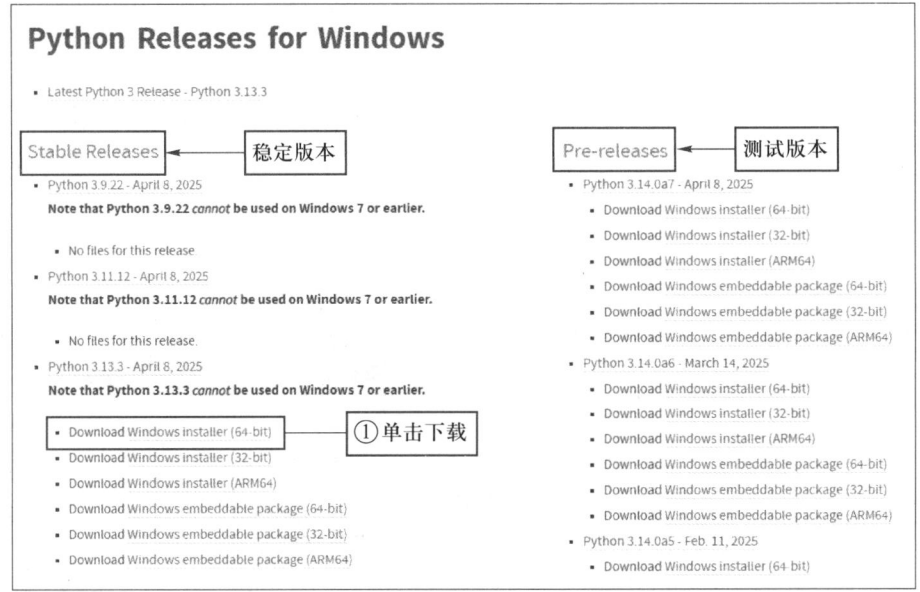

图 1-9　网页上 Windows 可以安装的版本

（2）在图 1-9 所示的详细下载列表中，分别列出了 Python 的稳定版本和测试版本，结合前面查看的操作系统位数，选择下载稳定版本中的 64 位安装文件。下载完成后，在下载文件夹中可以看到已经下载的 Python 安装文件"python-3.13.3-

amd64.exe"[①]，如图 1-10 所示。

| python-3.13.3-amd64.exe | 2025/4/18 10:20 | 应用程序 | 27,969 KB |

图 1-10　选择下载稳定版本

3. 安装 Python

（1）双击下载的 Python 安装文件，显示安装向导对话框，如图 1-11 所示。选中"Add Python 3.13.3 to PATH"复选框，让安装程序自动配置环境变量。

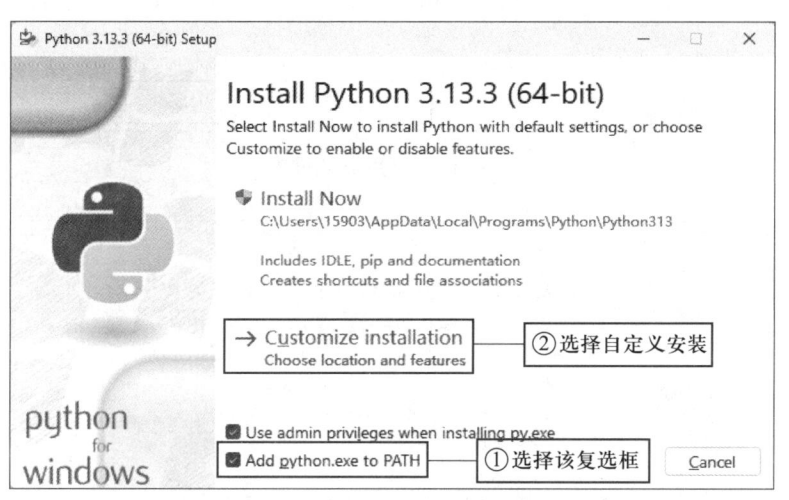

图 1-11　安装向导对话框

（2）单击"Customize installation"按钮，在弹出的"安装选项"对话框中采用默认设置，如图 1-12 所示。

（3）单击"Next"按钮，打开"高级选项"对话框，在该对话框中，自行设置 Python 的安装路径，建议安装路径不要选择操作系统所在路径。本次安装路径设置为"D:\Python\Python313"，其他采用默认设置，如图 1-13 所示。

（4）单击"Install"按钮，开始安装 Python。安装完成后，将显示如图 1-14 所示对话框。单击"Close"关闭对话框。

4. 测试 Python 是否安装成功

Python 安装完成后，如何检测是否安装成功呢？在 windows 10 系统的任务栏中找到搜索，输入"cmd"命令（如图 1-15 所示），然后按 <Enter> 键，启动命令行窗口；在当前的命令提示符后面输入"Python"，并且按 <Enter> 键，如果出现如

[①] 如果计算机的操作系统是 mac 系统，那么系统会内置 Python2.X。鉴于很多学校机房使用的是 Windows 7 系统，Windows 7 系统可使用的 Python 最高版本为 Python3.13.3，为便于学校教学，所以本书推荐使用 Python3.13.3 版本。下载界面为编者写作时的界面，随网站及软件更新，界面会略有不同。

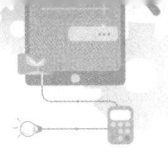

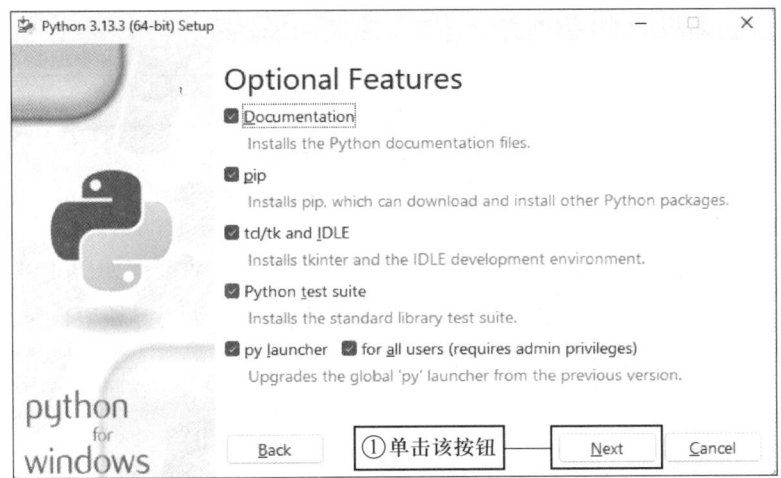

图 1-12　采用默认设置

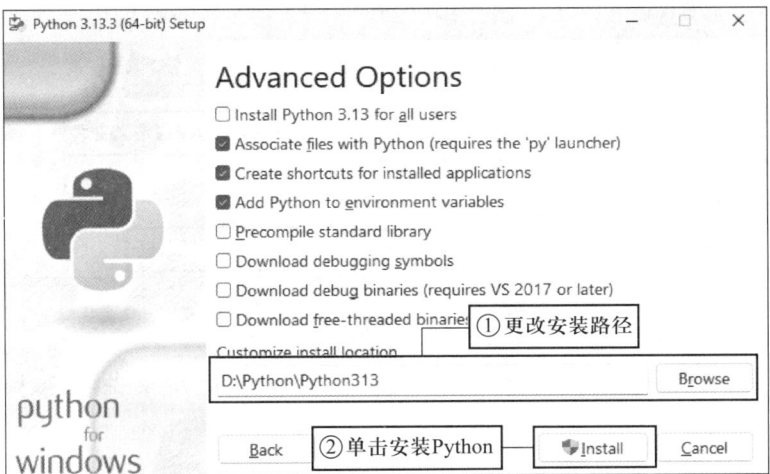

图 1-13　自行设置 Python 的安装路径

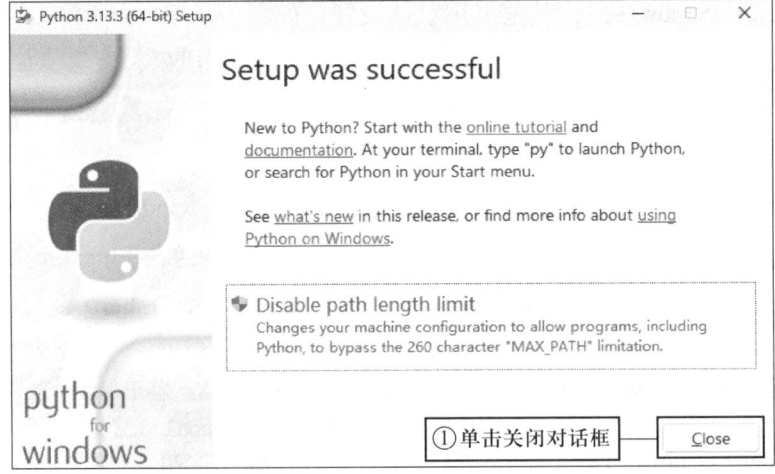

图 1-14　单击"Close"关闭对话框

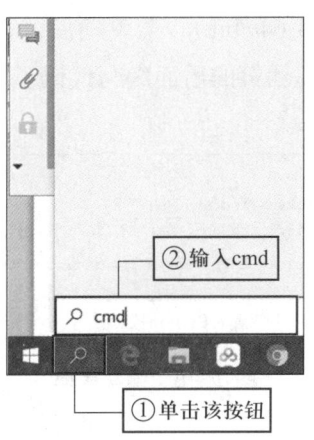

图 1-15 输入 cmd 命令

图 1-16 所示的信息，则说明 Python 安装成功，可以在图中看到 Python 的版本、该版本发行时间等信息。

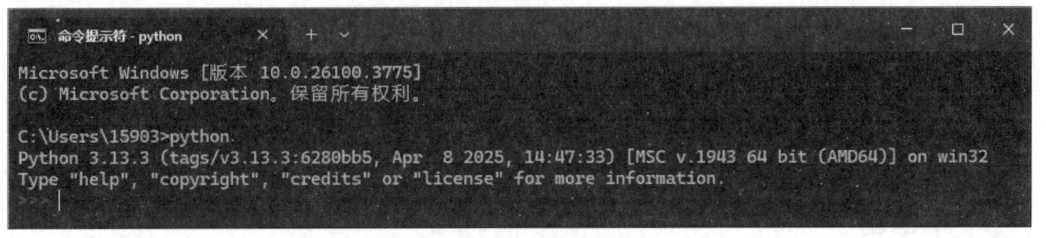

图 1-16 安装成功

至此，Python 软件已安装完成，并且打开了 Python 程序的运行界面。其实在这个界面中就可以开始编写 Python 程序，但是建议初学者不要使用这个界面来学Python，因为在这个环境中鼠标操作不太方便。

5. Python 自带开发工具 IDLE

安装 Python 后，会自动安装一个开发工具 IDLE，这是一个非常简洁的集成开发环境，方便进行 Python 程序开发。下面简单介绍 IDLE 的使用方法。

（1）打开 IDLE。在 Windows 10 系统的任务栏中找到搜索，输入"Python"，即可找到"IDLE（Python 3.13 64-bit）"菜单项，如图 1-17 所示。

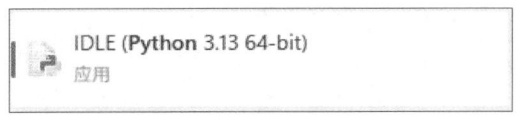

图 1-17 输入"Python"

单击"IDLE（Python 3.13 64-bit）"菜单项后，将显示如图 1-18 所示的 IDLE 窗口，用户就可以在 Python 提示符的后面编写代码了。

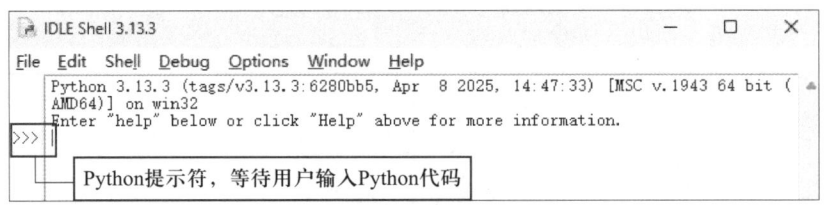

图 1-18　编写代码

✐ 试一试

在 Python 提示符的后面，输入"print（"不忘初心，方得始终"）"，然后按 <Enter> 键，观察运行结果。注意括号里的双引号为英文半角状态下输入的。

图 1-16 和图 1-18 从内容呈现来看非常相似，但仔细观察就不难发现：图 1-16 左上角显示的内容包含"命令提示符"，这是 Windows 系统的命令提示符程序；而图 1-18 左上角显示的内容包含"Shell"，这是 Python 自带的编译器。

⁇ 术语箱

Shell 是什么呢？在计算机科学中，Shell 俗称壳（用来区别于核），是指"为使用者提供操作界面"的软件（命令解析器）。它类似于 DOS 系统下的 COMMAND.COM 和后来的 cmd.exe。它接收用户命令，然后调用相应的应用程序。

（2）创建文件编写多行代码运行程序。在 Python 提示符后面，一次只能输入一行代码，这显然不能满足实际开发需求。如果需要编写多行代码，可以在 IDLE 主窗口菜单栏上，选择"File"→"New File"命令，打开一个新窗口，在该窗口中，可以直接编写多行 Python 代码，输入一行代码后，按下 <Enter> 键，将自动换到下一行等待继续输入，如图 1-19 所示。

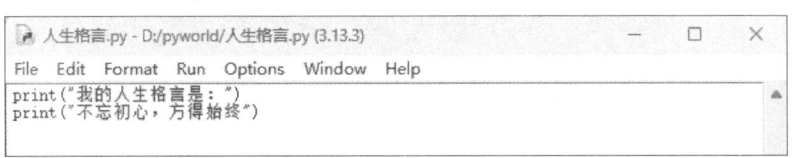

图 1-19　编写多行代码

程序代码编写完成后，可以按快捷键 Ctrl + S 保存，图 1-19 中，保存的程序文件名为"人生格言 .py"，其中 ".py" 是 Python 文件的扩展名。文件保存路径为"D:/pyworld/ 人生格言 .py"。

程序保存后，可以在菜单栏上选择"Run"→"Run Module"命令运行程序，上面的程序运行后，结果如图 1-20 所示。

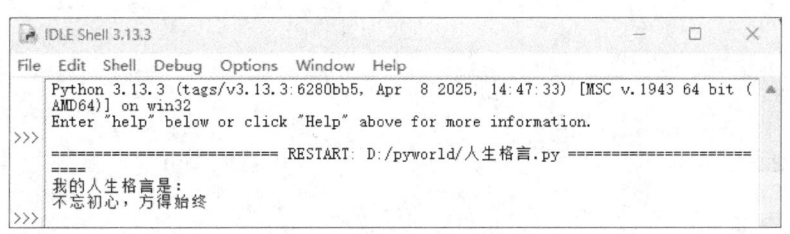

图 1-20　运行程序"人生格言 .py"

至此我们已经可以在这个编译器里编写 Python 程序了，只不过这个界面依然不是初学者理想的编程界面，我们需要更加友好、人性化的软件编写环境。

1.3 搭建 PyCharm 开发环境

PyCharm 是一个特别适合初学者学习的平台，它能够自动提示关键字输入，自动标识程序错误，便于阅读。

下面我们开始搭建 PyCharm 开发环境。

1. 下载 PyCharm

PyCharm 是由 JetBrains 公司开发的 Python 集成开发环境，可以直接到 JetBrains 公司官网下载，具体步骤如下：

（1）打开浏览器，搜索 PyCharm 官方网站，进入下载界面。

（2）在 PyCharm 下载界面，单击"Download"按钮，滑动至社区版，如图 1-21 所示，系统会自动推荐适合的版本。单击"Download"下载 .exe 安装文件。

（3）下载完成后，可以在下载文件夹中看到 PyCharm 安装包，如图 1-22 所示。

2. 安装 PyCharm

安装 PyCharm 的步骤如下：

（1）双击 PyCharm 安装包，进入如图 1-23 所示界面，单击"下一步"，进入选择安装路径界面。

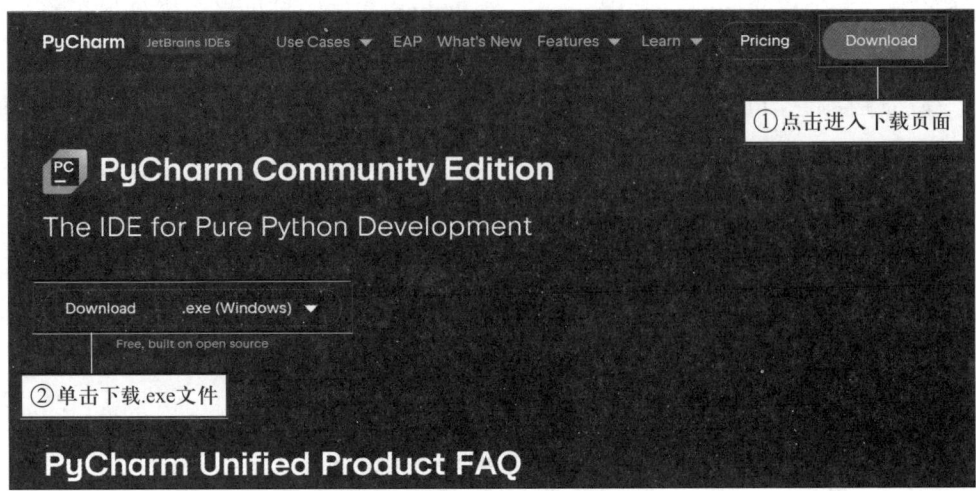

图 1-21　PyCharm 下载页面

图 1-22　PyCharm 安装包

图 1-23　安装 PyCharm

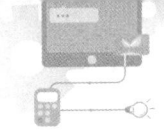

（2）在选择安装位置界面，如需修改路径，单击"浏览"按钮选择其他位置，此处选择 D 盘，如图 1-24 所示，完成后，单击"下一步"，进入安装选项配置界面。

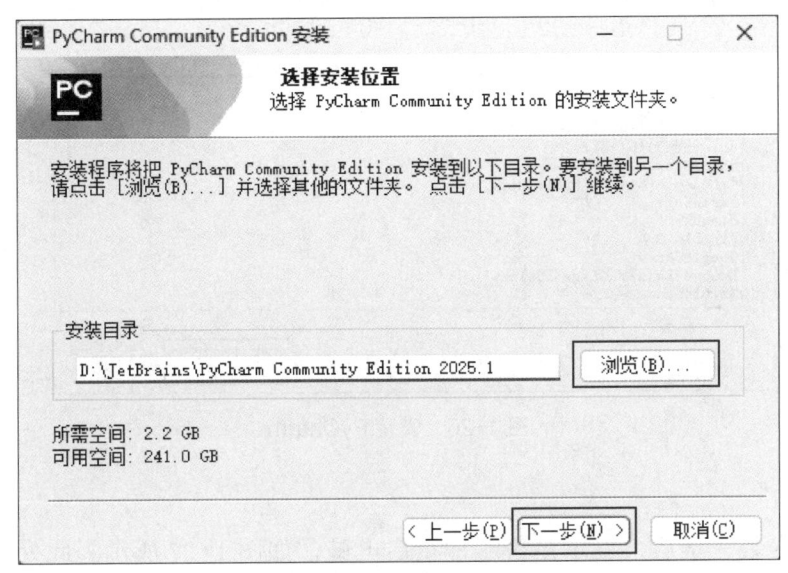

图 1-24　选择安装路径

（3）在安装选项界面，按图 1-25 所示，勾选所有复选框，然后单击"下一步"，进入如图 1-26 所示界面，单击"安装"，开始安装程序。

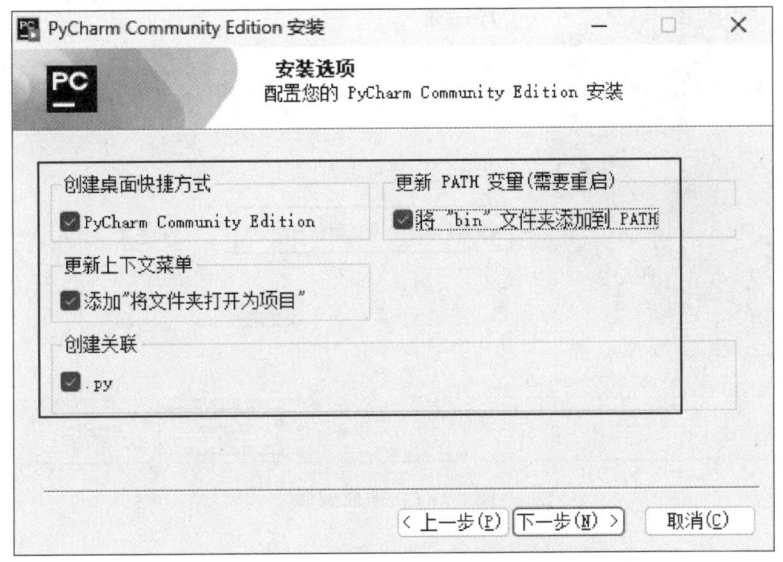

图 1-25　安装选项设置

15

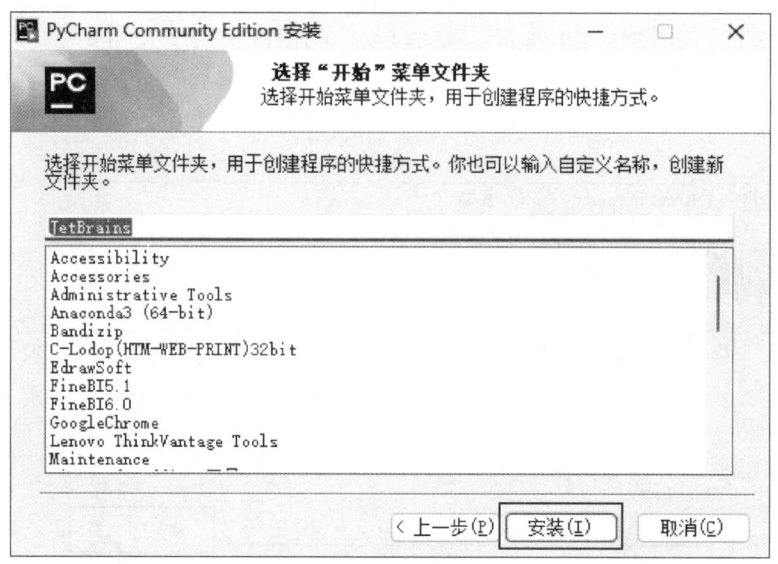

图 1-26　安装 PyCharm

（4）安装完毕后，提示是否立即重启电脑，如图 1-27 所示。此处选择"否，我会在之后重新启动"，然后单击"完成"按钮，完成 PyCharm 的安装。可以在桌面看到 PyCharm 的快捷方式。

图 1-27　完成安装

3. 测试 PyCharm 开发环境

接下来，我们来测试 PyCharm 开发环境。

（1）启动 PyCharm 开发环境。双击 PyCharm 桌面快捷方式或者在开始菜单中选择"PyCharm Community Edition"菜单项，启动 PyCharm 程序，启动后，进入"选择语言和区域"界面，如图 1-28 所示，此处按默认选择"中文语音包"和"中国大陆"。单击"下一步"按钮，进入"用户协议"界面。

图 1-28　选择语言和区域

在"用户协议"界面，勾选协议，单击"继续"按钮。

进入"数据共享"设置界面，根据个人喜好选择即可。完成后，PyCharm 启动成功，进入欢迎界面。

（2）创建 PyCharm 工程。在 PyCharm 欢迎界面，单击"新建项目"创建一个新工程文件，如图 1-29 所示。

此时程序进入图 1-30 所示界面，在这里设置工程文件的存放路径，选择 Python 版本，然后单击"创建"按钮，进入图 1-31 所示界面，完成创建。

在代码区域单击右键，选择"运行'main'"，底部控制台会输出结果："Hi, PyCharm"，就代表已经设置成功，如图 1-32 所示。

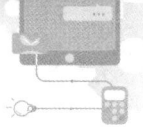

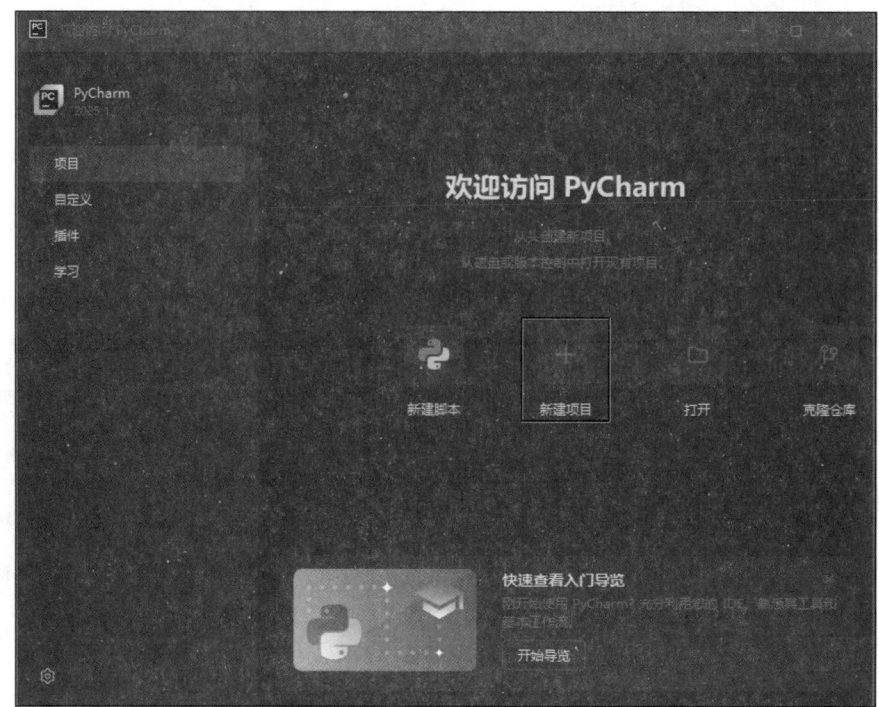

图 1-29　新建项目

图 1-30　设置存放路径

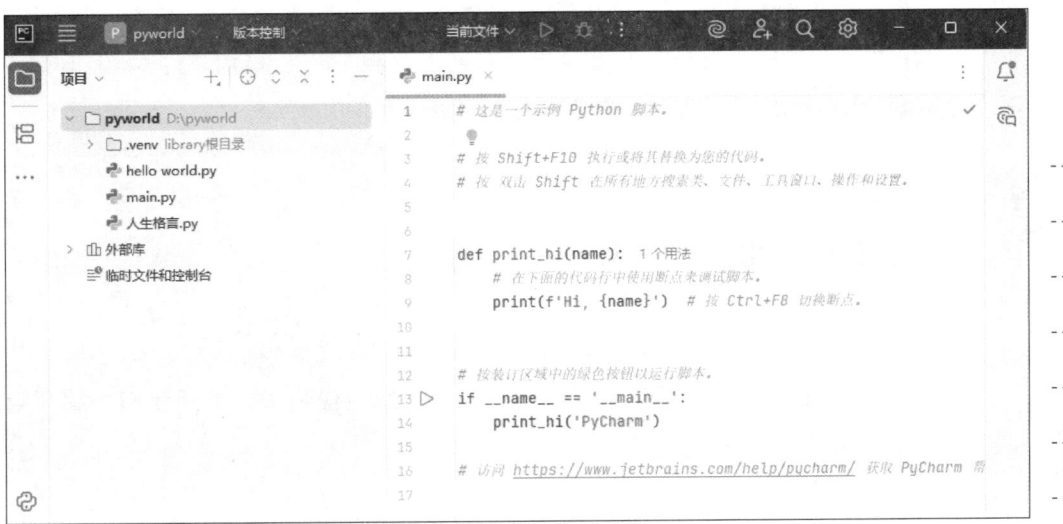

图 1-31 工程创建完成

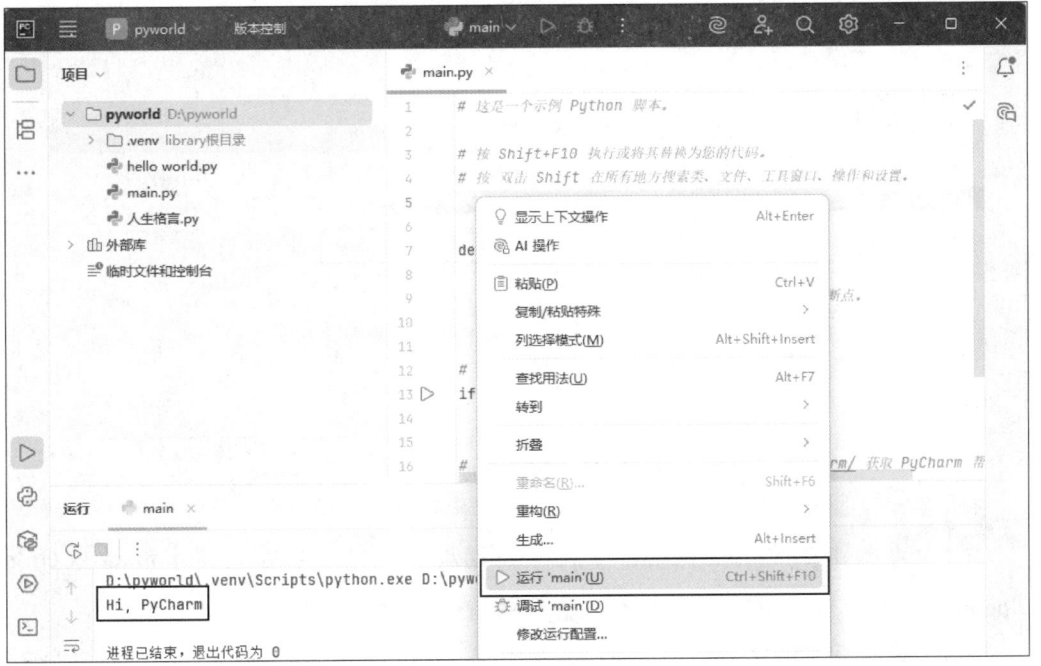

图 1-32 运行 main

至此，PyCharm 开发环境就搭建好了，它是 Python 程序登场的舞台，通过 PyCharm 可以非常直观地看到 Python 程序的建立、编译和运行过程。

术语箱

同学们可能以为，计算机可以秒懂代码程序。而实际情况是，计算机只认识 0 和 1，程序中的字符甚至图片，最终都会被转换成 0 和 1，这个过程就叫作编译。

1.4 编写你的第一个 Python 程序

启动 PyCharm 开发环境后，就可以在该环境下编写代码了，下面我们来编写第一个"hello world！"程序了。

1. 编写程序

（1）右击上一节新建好的 pyworld 项目，在弹出的菜单中选择"新建"—"Python 文件"菜单项，如图 1-33 所示。

图 1-33　新建 Python 文件

（2）在弹出的"新建 Python 文件"对话框中，输入要创建的 Python 文件名"hello world"，按回车键，一个 Python 文件就创建好了，如图 1-34 所示。

（3）在新建文件的代码编辑区输入代码"print("hello world!")"，如图 1-35 所示。

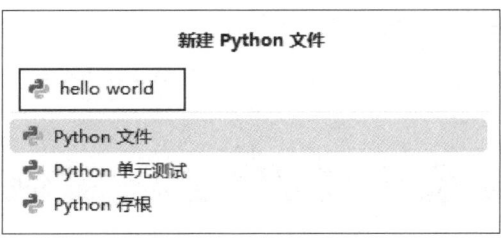

图 1-34 输入 Python 文件名

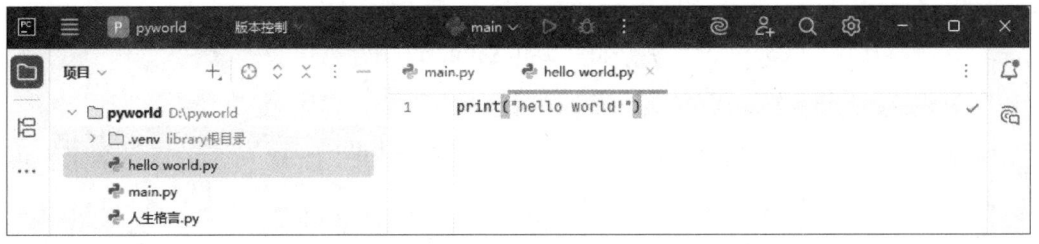

图 1-35 输入代码

2. 运行程序

程序编写完成后，就可以运行程序了。在 Pycharm 中运行程序有多种方法，下面介绍常用的两种。

（1）在要运行程序（如 hello world）的代码编辑区右击，选择"运行"，如图 1-36 所示。

图 1-36 单击右键运行程序

（2）使用工具栏上的工具按钮也可以方便地运行、调试程序。先在工具栏上的组合框选择要运行的程序，然后单击"运行"按钮，如图 1-37 所示。

图 1-37　工具按钮运行程序

按照上述方式，运行"hello world"程序，得到如图 1-38 所示的运行结果，可以看到输出了"hello world！"。

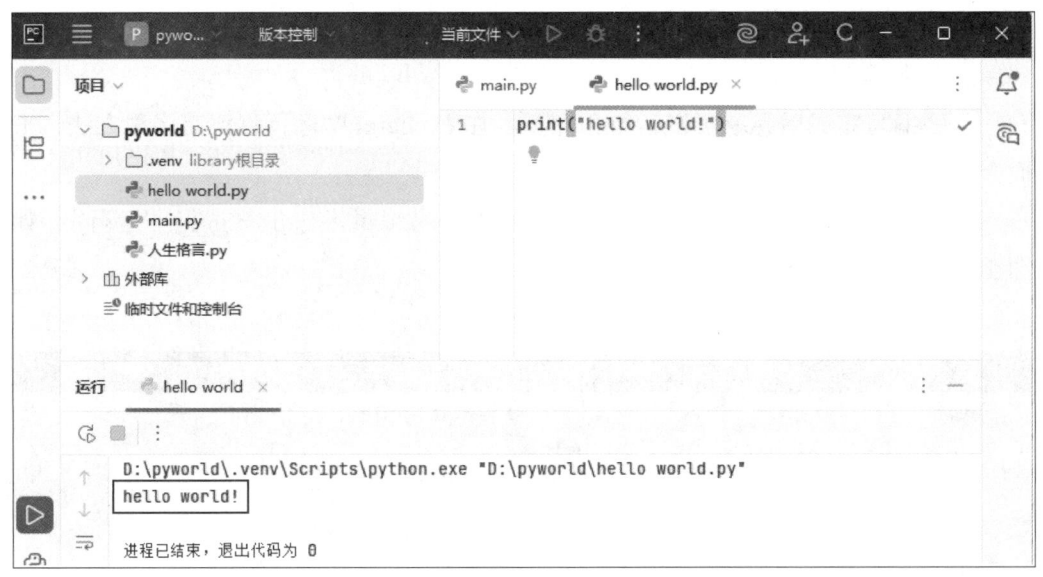

图 1-38　"hello world"程序运行结果

3. 保存程序

PyCharm 开发环境会自动定时保存程序，如果需要手动保存程序文件，可以使用"Ctrl+S"快捷键，或者在主菜单上选择"文件"—"另存为"菜单项。

4. 关闭程序或工程

关闭程序文件，可以单击程序文件选项卡上程序名称右侧的关闭按钮，如图 1-39 所示。关闭项目可以使用主菜单上的"文件"—"关闭项目"菜单项。

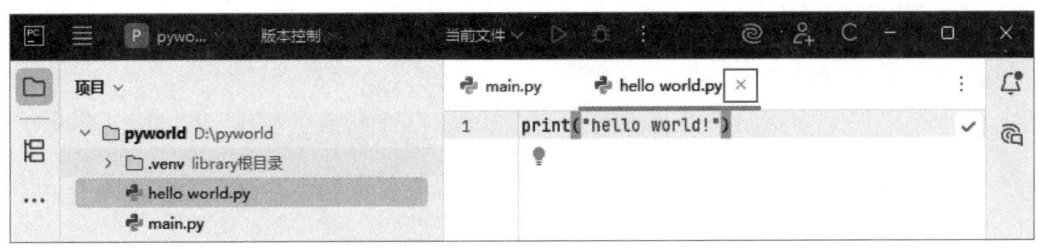

图 1-39 关闭程序

5. 删除程序

在工具窗口区选中要删除的程序文件，在主菜单中选择"编辑"—"删除"菜单项，即可删除选中的程序文件。

试一试

试一试本章开篇提供的几个一句话 Python 代码，看看有没有什么新发现？去搜索一下如何用 Python 画一朵玫瑰花或者一只加菲猫，并把你的运行结果与同学们分享。

总　结 ▶▶▶

通过本章的学习，同学们应该能够完成 Python 程序和 Pycharm 平台的安装，并能运行至少一个简单的小程序。

课后练习 ▶▶▶

一、填空题

1. Python 是迄今为止最_____的计算机编程语言。

2. Python 的特性是_____、_____、_____。

3. Python 脚本文件的扩展名为_____。

二、实践题

1. 财务工作者为什么要学 Python？

2. 针对很多小学生都开始学习 Python，很多小学都开设 Python 课程的现象，说一说你的看法？

3. 通过查阅书籍或互联网，搜索 Python 能够实现的典型功能案例。

第1章
交互式自测

23

第 2 章
财务人员的计算机逻辑

2

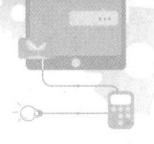

 学习目标 ▶▶▶

知识目标
1. 了解计算机编程语言解决问题的方式与财务人员思维方式的异同。
2. 掌握计算机编程语言解决问题的三个规则。

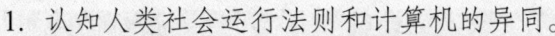

技能目标
1. 了解自身思维方式的独特性和局限性。
2. 理解不同思维方式的特点，并能用计算机思维与计算机工作人员进行沟通。

素养目标
1. 认知人类社会运行法则和计算机的异同。
2. 通过财务思维和计算机思维的碰撞，培养与时俱进、守正创新的精神。

逻辑维度目标
1. 了解计算机处理问题的逻辑，了解人和计算机思维逻辑方式的异同。
2. 掌握自身思考问题的逻辑，并认识到自己的思考方式和计算机处理问题方式的不同之处。

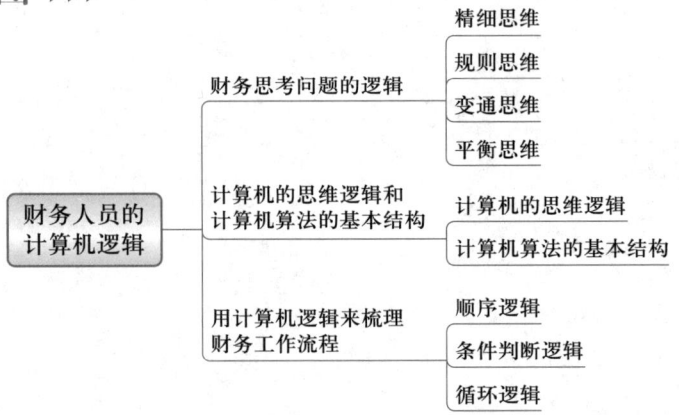 **思维导图** ▶▶▶

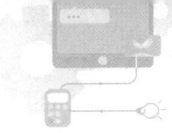

2.1 财务思考问题的逻辑

财务思维是从事财务工作的基本要求。例如，作为一名会计，每面对一笔业务，他的想法可能是应该怎么做账，借记或贷记什么账户，明细账户是否会有错误，辅助账户是否恰当，月底是否需要结转或者分期，对资产、负债和损益会有什么影响等。

财务工作相当于一门语言，是一门用来描述公司财务状况和经营成果的语言。受工作内容、工作流程、工作环境的影响，从事财务工作的人越来越明显地形成以下思维模式：

1. 精细思维

从事财务工作一般从出纳岗位开始，工作中会经手各种结算单据，处理各种报销凭证，这些都是有严格工作要求的，例如支票上的印章如不清晰则需要重新开具。作为财务核算工作的阶段性成果——财务报表，也体现了财务工作的细致入微，要求表内各项数据勾稽关系正确、数据平衡，例如资产负债表中左边资产合计数必须与右边负债和所有者权益合计数相等。

2. 规则思维

财务工作者必须严格遵守相关法律法规，包括《中华人民共和国会计法》《企业会计准则》《会计人员职业道德规范》以及相关税收法规等，这既是现代法治社会加强公民道德建设的基本体现，也是财务从业者要遵循的基本职业规范。这是一种目标导向的规则思维，因为财务工作的成果是规范编制财务报表并经受税务审计等。例如，如果想通过注册会计师考试，就要针对这一目标制定一系列必须遵守的规则来达成目标。不能只有目标，却沉不下心看书学习，不按制定的规则来学习，最终会抛弃规则偏离目标，这不是目标导向下的规则思维。

3. 变通思维

变通思维是财务思维的精髓，它与规则思维并不矛盾。例如，对于存货发出计价的方法，可以选择先进先出法，也可以选择加权平均法；对于计提折旧的方法，可以选择年限平均法，也可以选择加速计提折旧的方法。在合法合规的框架体系内选择对企业发展有利的核算方法，做到原则性和灵活性相统一，是财务工作者必须具备的素质之一。

4. 平衡思维

在面对财务报表时，应该如何判断一个公司是否盈利？可以通过利润表来查看公司的盈利状况。但我们要如何判断一个公司是否"经营良好"？单独的一个指标或一张会计报表是很难帮助财务人做出综合判断的。一个财务决断往往需要很多报表的支撑与佐证。因此财务工作者应具备能够统筹全局的平衡思维。财务工作者天天跟数字打交道，有助于培养记账的好习惯，还可以将会计知识运用到生活中，例如，可以有效规划家庭收支，防止出现寅吃卯粮的现象。

有效运用财务思维，让它成为生活中的加油站、工作上的指南针；否则，就容易钻牛角尖，损失社交货币，容易成为别人口中"固执、死板、无趣"的人。

？术语箱

什么叫社交货币？社交货币是一个通用术语，可以理解为社会网络和社区中存在的实际和潜在资源的整体，可能是数字资源或离线资源。沃顿商学院的营销学教授乔纳·伯杰对社交货币进一步做了解释："社交货币就像人们使用货币能买到商品或服务一样，使用社交货币能够获得家人、朋友和同事的更多好评和更积极的印象。"

2.2 计算机的思维逻辑和计算机算法的基本结构

2.2.1　计算机的思维逻辑

计算机从业人员的分工也比较纷繁复杂，一般而言可以分为三大类：第一类是硬件工程师，包括网络、服务器、网络交换机、路由器、防火墙等硬件设备工程师；第二类是软件工程师，包括掌握编程语言（如 Java、Python）、数据库技术（如 SQL、DB2）等各种编程工程师；第三类是新时代的大数据、云计算、人工智能等混合型新岗位。虽然计算机从业人员工作岗位千差万别，但是思维方式却基本类似，在思考问题时一般具有以下特征：

1. 平等思维

计算机对网络中的个体，对程序中具体的每一个代码，都一视同仁，规则明确且平等对待。

2. 递归思维

递归的特点是把一个基本的结构加以重复和嵌套，通过这种方法，简单的东西能变得复杂，单一的东西能变得千变万化，元素也能演化成系统。

3. 具象思维

在非计算机专业出身且未系统学习过数据结构的人看来，程序只是一行行的代码和一个个数字；然而，在计算机从业人看来，这一行行代码却是一条条鲜活变化的箭头和一格格的数据元素。这种将抽象代码转化成具有特定几何结构的能力就是具象化思维。

4. 最优思维

在计算机领域会经常听到"优化"这个词，把一个运行程序的代码从几十行压缩到十几行，把一个程序的运行时长从十几秒缩短到几微秒。当积累的知识越多，处理问题的经验越丰富时，就越容易找到解决问题的最短路径或者最优解，这在计算机领域尤为明显。

计算机思维用好了，就总能发现很多我们习以为常的事情中蕴含着简单的逻辑问题。因为计算机思维中最重要的特征是发现错误。生活中每个人都会遇到困难，碰到困难就绕道而行，这不是计算机思维方式。程序员最常做的事就是找到程序的bug（错误），然后不断去修正，借此获得进步。

💬 小知识

人和计算机程序下象棋对弈时，对于"当头炮""马来跳"这种常用的套路，计算机很容易识破，并能快速做出响应。但如果棋手第一步是移动"老帅"，计算机便需要"思考"很久，这是因为程序员在最初设计程序时，没有事先考虑到人类用户第一步会出现这样的打法。这也是我们人类思维与计算机思维的区别之一。人类思维往往具有跳跃性，常常"打破常规"，而计算机则是一板一眼按照设计好的流程进行。

就像汽车在道路上行驶要遵守交通规则一样，计算机中的程序，也需要遵循一定的规则，其规则包括以下特点：

（1）遇到问题直接按流程处理。

（2）处理时条件一旦匹配过后，不再进行二次匹配。

（3）流程中没有提及，默认的意思就是拒绝。

为了弄清楚计算机处理问题的方式，我们举一个例子。

【示例2-1】学院组织各班对本班班长进行综合测评，客观上要求班长回避。以下是班级门口张贴的进教室通行规则。请尝试按计算机逻辑方式得到执行结果。执行结果应该包括两点：一是班长能不能进教室，二是其他同学能不能进教室。

告示一：

班长可以进教室。

告示二：

班长不能进教室。

告示三：

规则一：班长不能进教室。

规则二：所有人都可以进教室。

告示四：

规则一：所有人都可以进教室。

规则二：班长不能进教室。

对于告示一的通行规则，执行结果如下：

只有班长可以进教室，其他同学不能进教室。

结果解析：规则指定班长可以进教室，而其他同学并未在规则中提及，根据特点（3）"流程中没有提及，默认的意思就是拒绝"，所以其他同学不能进教室。

告示一的通行规则流程图如图 2-1 所示。

对于告示二的通行规则，执行结果如下：

所有人都不能进教室。

结果解析：因为告示二的通行规则明确提到班长是不能进教室的，又因为没有提及其他同学能否进教室。根据特点（3），没有提及就是拒绝，所以其他同学也不能进。

告示二的通行规则流程图如图 2-2 所示。

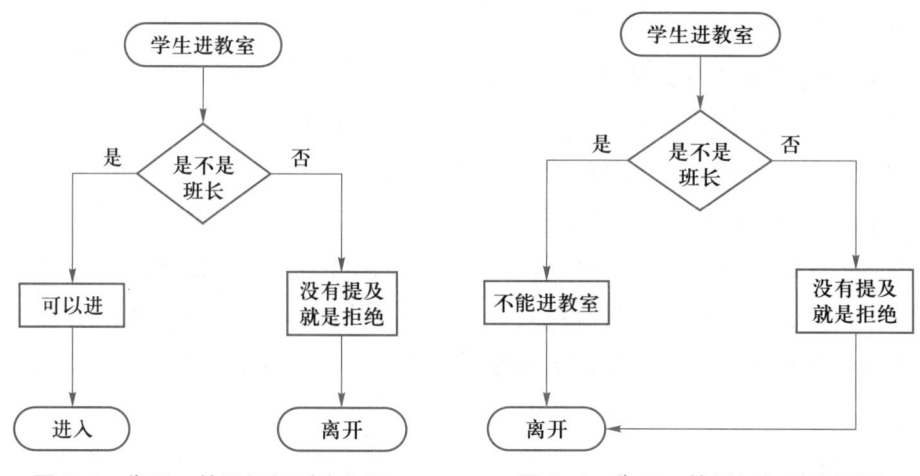

图 2-1　告示一的通行规则流程图　　　图 2-2　告示二的通行规则流程图

对于告示三的通行规则，执行结果如下：

除班长之外，其他人都可以进教室。

结果解析：因为计算机不能表达除班长之外的其他人，所以只能用"所有人""没有人"和"某个单个的人"来定义。

根据告示三中的规则一，班长不能进教室，所以班长直接被拒绝。不是班长的同学，也就是其他同学看到规则一没有匹配自己，继续顺序进行第二条规则，他们肯定属于满足"所有人"这个范畴，所以其他同学都进了教室。

班长为什么不能执行规则二？因为依据特点（2），计算机一旦匹配过一次条件就不再匹配第二次，这是计算机思维和人类思维区别最大的地方。

告示三的通行规则流程图如图 2-3 所示。

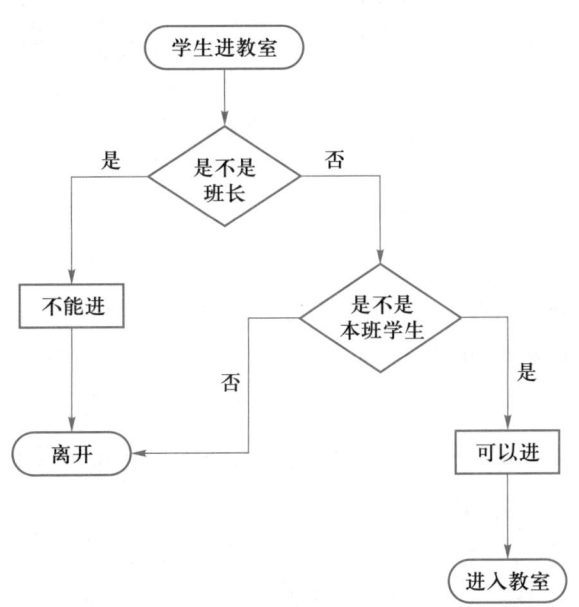

图 2-3　告示三的通行规则流程图

对于告示四的通行规则，执行结果如下：

所有人都可以进教室。

结果解析：根据特点（2），本班学生匹配告示四的规则一之后，不再匹配第二条。最终结果为所有人都可以进教室。这里也可以理解为，规则二为冗余条件，去掉它最终结果是一样的。

告示四的通行规则流程图如图 2-4 所示。

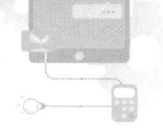

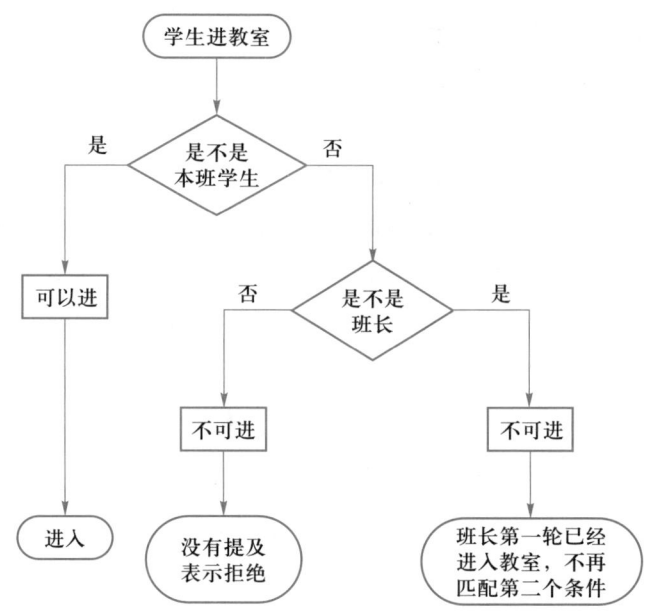

图 2-4　告示四的通行规则流程图

2.2.2　计算机算法的基本结构

在计算机的认知世界里，任何简单或复杂的算法都可以由顺序结构、条件结构和循环结构这三种基本结构组合而成。

1. 顺序结构

顺序结构是最简单的程序结构，程序中的各个操作是按照它们在源代码中的排列顺序，自上而下，依次执行的。

顺序结构流程如图 2-5 所示。程序开始后先执行任务一，然后顺次执行任务二、任务三。该结构最大的特点是逐一、顺序执行。

2. 条件结构

条件结构也称选择结构，通过判断给定的条件，进而控制程序的流程。它会根据某个特定的条件进行判断后，选择其中某个流程分支执行。

条件结构流程如图 2-6 所示。程序开始后先执行任务一，接下来执行条件判断，若判断结果为是，执行任务二，否则执行任务三，最后执行任务四。该结构的关键点在判断选择环节，其他仍是按照顺序结构进行。

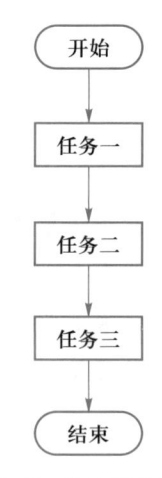

图 2-5　顺序结构流程

3. 循环结构

循环结构是指在程序中需要反复执行某个或某些操作，直到条件为真或为假时才停止循环的一种程序结构。根据判断条件，循环结构又可细分为"当型循环结构"（即先判断再执行）和"直到型循环结构"（即先执行后判断）两种形式。

当型循环结构流程如图 2-7 所示。当给定条件满足"循环判断"时执行"循环任务"，然后再回到"循环判断"；当给定条件不满足时，直接跳出循环。为了避免死循环的出现，需要在循环体中添加"循环变量"作为结束循环的条件。

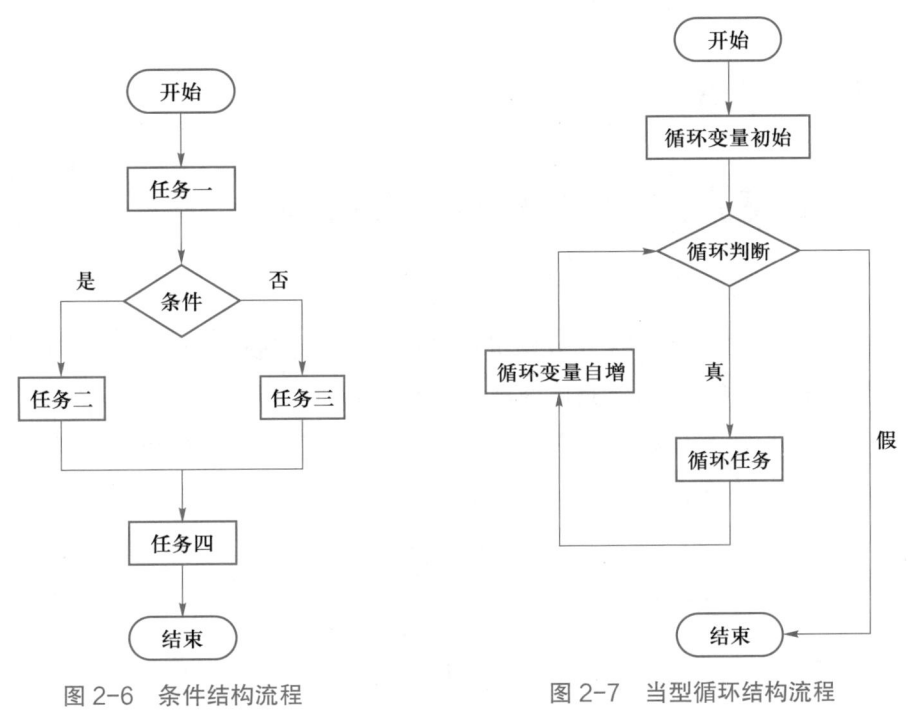

图 2-6 条件结构流程   图 2-7 当型循环结构流程

小知识

当型循环结构先判断是否满足条件，然后再决定是否进入循环体，再继续重复以上过程。直到循环是先循环一次后再判定条件是否满足。当型循环与直到型循环的区别就是有没有先进行一次循环。

知行合一

德勤中国通过建立机器人卓越中心，推进审计数字化转型，实现了审计工作的自动化和智能化。德勤的"小勤人"能够与智能合同审阅技术和OCR技术等进行深度整合，自动化生成内部审计底稿初稿，提升了内部审计部门的工作效率。联想

33

集团则成功构建了 RPA 内部审计机器人，结合 OCR、对话机器人等智能技术实现了内部审计环节中对电子发票的自动化下载、校验、标记等工作，并自动出具内部审计报告。这些实践表明，计算机技术的应用使得会计核算工作更加规范，提高了核算速度和精确度，减少了人为失误。同时，计算机技术还能帮助财务人员从复杂的记账和对账工作中解脱出来，将更多时间用于了解最新的会计制度和政策，提高了会计人员的专业性。通过计算机思维的应用，财务工作变得更加高效和精准，为企业管理提供了强有力的数据支持。在财务工作中运用计算机思维，不仅提升了工作效率，还增强了决策的科学性。

2.3 用计算机逻辑来梳理财务工作流程

下面用计算机的流程图来呈现财务的具体业务工作流程。流程图中椭圆表示流程的起点或终点，长方形表示具体的操作，菱形表示选择。

【示例 2-2】计算机的顺序逻辑结构，内容是财务业务的顺序流程，如图 2-8所示。

第 2 章
AI 赋能

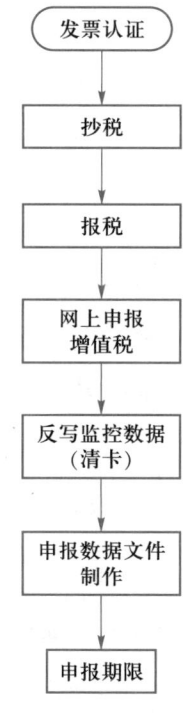

图 2-8　财务业务的顺序流程

【示例2-3】计算机条件判断逻辑的流程展示，内容是财务业务的条件判断流程，如图2-9所示。

【示例2-4】计算机循环逻辑的流程展示，内容是财务业务的重复流程，如图2-10所示。

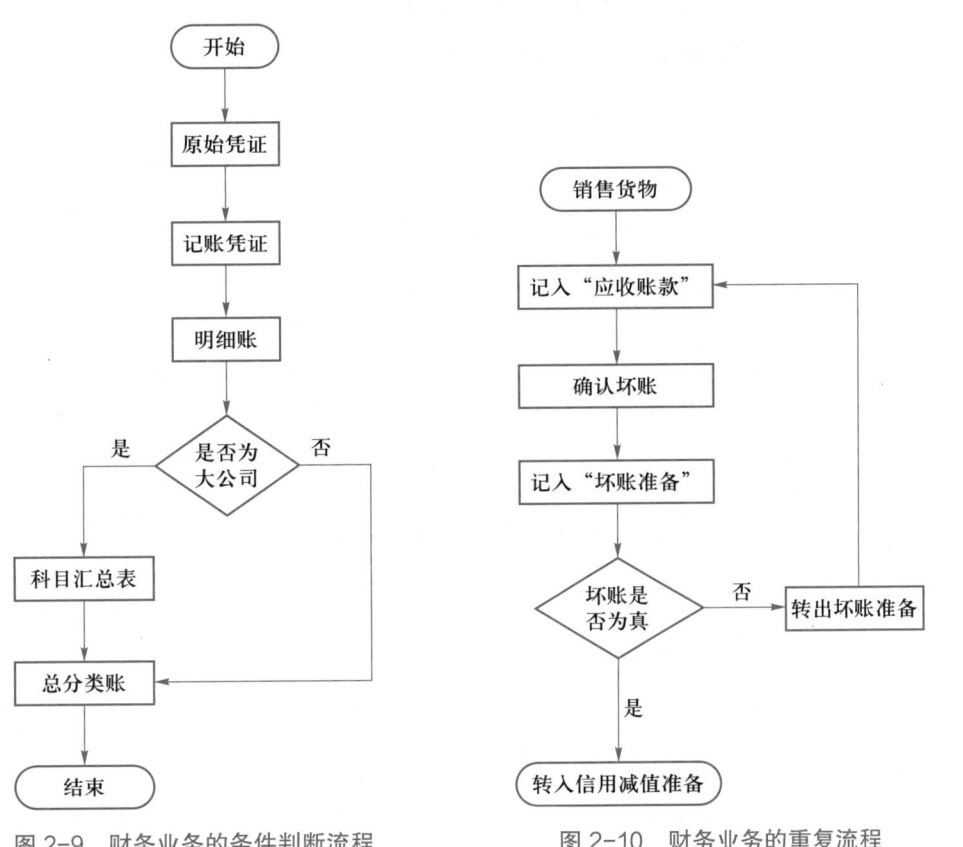

图2-9　财务业务的条件判断流程　　　　图2-10　财务业务的重复流程

总　结 ▶▶▶

通过本章的学习，了解财务思考问题和计算机思考问题的逻辑，初步了解顺序结构、条件结构和循环结构这三种计算机程序基本结构，通过举例尝试把一些财务典型工作流程按计算机思维方式进行梳理和呈现。

课后练习 ▶▶▶

一、填空题

计算机逻辑的三个基本结构是 _____、_____、_____。

二、实战题

1. 请用流程图画出你日常学习生活的一天。

2. 假设有一个池塘，里面有无穷多的水。现有 2 个空水壶，容积分别为 5 升和 6 升。请思考如何只用这 2 个水壶从池塘里取得 3 升的水。

要求：想出解决方法，并画出流程图。

第 2 章
交互式自测

第3章

人机交互——
财务信息的输出与输入

3

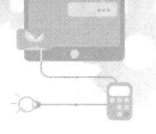

 学习目标 ▶▶▶

知识目标
1. 掌握标准输出语句的用法。
2. 掌握格式化输出的用法。
3. 掌握标准输入语句的基本用法。

技能目标
1. 能够使用 print 语句进行输出操作。
2. 能够按照常用财务数据格式输出数据。
3. 能够使用 input 语句进行单个输入和多个输入操作。

素养目标
1. 通过人机交互培养学生的规则意识。
2. 提升个人和计算机的沟通能力。

逻辑维度目标
1. 理解人机交互的概念及人机交互的方式。
2. 掌握与计算机交互的方法和技巧。

 思维导图 ▶▶▶

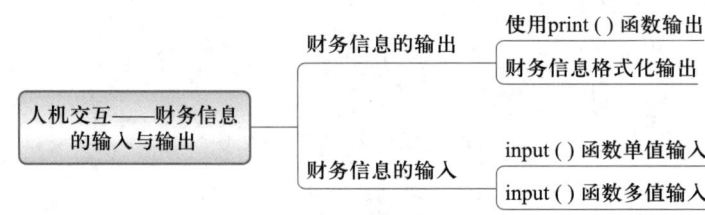

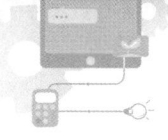

人机交互，即人机交互技术（Human-Computer Interaction Techniques），是指通过计算机的输入、输出设备，以有效的方式实现人与计算机对话的技术。人机交互技术包括机器通过输出或显示设备给人提供大量有关信息及提示、请示等，人通过输入设备给机器输入有关信息，对机器下达命令或提出要求等。人机交互技术是计算机用户界面设计中的重要内容之一。

微课：财务信息的输出

3.1 / 财务信息的输出

3.1.1 使用 print( ) 函数输出

1. 基本输出

在 Python 中，使用内置的 print( ) 函数可以直接将结果输出到 IDLE 或者标准控制台上，即在显示屏上显示，让用户直接看到结果。

其基本语法格式如下：

print（输出内容）

括号中的输出内容可以是任何用户想在屏幕上显示的信息，包括数字、字符串等，也可以是包含运算符的表达式的计算结果。当输出内容是字符串时，用引号括起来。

【示例 3-1】输出"Hello World！"，代码如下：

```
print("Hello World! ")
```

运行代码，结果如图 3-1 所示。

```
Hello World!
```

图 3-1　输出"Hello World!"程序

在编程中，让计算机显示"Hello World！"是一个传统，意思是说，我第一次来到这个编程世界，所以和大家打个招呼：世界，你好！本书沿袭这个传统，欢迎你来到编程世界！

在【示例 3-1】中，输出内容"Hello World！"使用双引号括起来。这是因为要输出的内容是文本字符串，加上引号可让计算机直接输出引号中的内容。

除了可以使用双引号，也可以使用单引号和三引号。例如【示例 3-1】的代码也可以写成【示例 3-2】中的代码。

【示例 3-2】输出"Hello World！"，代码如下：

```
print('Hello World!')
或者
print('''Hello World!''')
```

运行结果不变，如图 3-1 所示。

如果输出内容本身包含单引号，例如要输出"I'm OK"，则不能使用单引号，要使用双引号或者三引号，否则提示错误。

【示例 3-3】输出"I'm OK"，代码如下：

```
print("I'm OK")
或者
print('''I'm OK''')
```

运行代码，结果如图 3-2 所示。

```
I'm OK
```

图 3-2　输出"I'm OK"程序

如果想多行显示要输出的内容，必须使用三引号，具体代码如【示例 3-4】所示。

【示例 3-4】分两行输出"生活不止眼前的苟且 还有诗和远方"，代码如下：

```
print(''' 生活不止眼前的苟且
还有诗和远方 ''')
```

运行代码，结果如图 3-3 所示。

```
生活不止眼前的苟且
还有诗和远方
```

图 3-3　输出"生活不止眼前的苟且还有诗和远方"

如果输出内容为数字或者表达式计算结果，直接将要输出的数字或计算表达式写在 print( ) 括号里即可。

【示例 3-5】输出的数字或计算表达式，代码如下：

```
print(512)
print(10+8)
```

运行代码，结果如图 3-4 所示。

```
512
18
```

图 3-4　输出的数字或计算表达式

2. 一次输出多个内容

在 Python 中，默认情况下，一条 print( ) 语句输出后会自动换行，如【示例 3-5】中，两条 print( ) 语句，输出的结果为 512 和 18，分两行显示。如果想要在同一行一次输出多个内容，可以将要输出的所有内容写在同一个 print( ) 语句中，各内容之间用英文半角逗号分隔。

【示例 3-6】在同一行一次输出多个内容，代码如下：

```
print(' 借 ',' 银行存款 ',5000)
```

运行代码，结果如图 3-5 所示。

借 银行存款 5000

图 3-5　在同一行一次输出多个内容

由图 3-5 可知，print( ) 会在同一行依次输出括号里的每一项内容，各项之间默认用空格隔开。如果想人为指定各项输出内容之间的间隔号，可以在 print( ) 函数中使用 sep 参数。

语法格式如下：

print(输出内容，sep=' 间隔号 ')

【示例 3-7】sep 参数的使用效果。以 "."为间隔，依次输出 "www""baidu""com"，可以使用 print( ) 函数书写，代码如下：

```
print('www','baidu','com',sep='.')
```

运行代码，结果如图 3-6 所示。

www.baidu.com

图 3-6　sep 参数的使用效果

Python 除了可以将内容输出到屏幕，还可以将内容直接输出到文本文件中，这会在以后的章节中讲解。

3.1.2　财务信息格式化输出

在实际应用中，输出内容往往有固定的格式要求，例如，财务数据处理中数据一般要求四舍五入保留小数、数值带货币符号等，这就需要格式化输出。Python 提供了多种格式化输出方案，这里采用在 print( ) 函数中使用占位符（%）的方法，重点介绍整数（%d）、浮点数（%f，%e）和字符串（%s）。

1. 以十进制整数格式输出

以十进制整数格式输出数值可以使用格式符 %d，其基本语法格式为：

```
print（'%d'% 要输出的内容）
```

【示例 3-8】以十进制整数格式输出数值：

```
a = 12345678                    #a 的值为 12345678
b = 34                          #b 的值为 34
c = 34.628                      #c 的值为 34.628
print('%d'%a)                   # 以整数格式输出 a 的值
print('%d'%b)                   # 以整数格式输出 b 的值
print('%5d'%b)                  # 以整数格式输出 b 的值，指定占位符宽度为 5，右对齐
print('%-5d'%b,'%d'%a)          # 以整数格式输出 a 和 b 的值，指定 b 的占位符宽度为 5，
                                  左对齐
print('%d'%c)                   # 以整数格式输出 c 的值
```

运行代码，结果如图 3-7 所示。

```
12345678
34
   34
34        12345678
34
```

图 3-7　以十进制整数格式输出数值

从变量 c 的输出结果可以看出，当一个浮点数以整数格式输出时，只取其整数部分输出，并不进行四舍五入。

？/ 术语箱

【示例 3-8】中，"#"后面的内容为注释，即解释代码含义，不影响代码的执行。

2. 以浮点数格式输出

以浮点数格式输出根据不同的表达方式，可以使用格式符 %f 和 %e 两种方式，%f 表示以基本浮点数方式输出，%e 表示以科学计数法方式输出。浮点数格式输出方式，如表 3-1 所示。

表 3-1　浮点数格式输出方式

格式化符	含义
%f	保留小数点后面 6 位有效数字输出，不足 6 位的补 0
%.nf	四舍五入保留小数点后面 n 位有效数字输出
%e	保留小数点后面 6 位有效数字，以科学计数法形式输出
%.ne	四舍五入保留小数点后面 n 位有效数字，以科学计数法形式输出

【示例 3-9】以浮点数格式输出，代码如下：

```
a = 1235467.6352
print('%f'%a)      #保留小数点后面 6 位有效数字输出
print('%e'%a)      #保留小数点后面 6 位有效数字，以科学计数法输出
print('%.2f'%a)    #四舍五入保留小数点后面 2 位有效数字输出
print('%.2e'%a)    #四舍五入保留小数点后面 2 位有效数字，以科学计数法输出
print('%.0f'%a)    #四舍五入输出整数部分
```

运行代码，结果如图 3-8 所示。

```
C:\Users\司衿悠\PycharmProjects\pythonProje
1235467.635200
1.235468e+06
1235467.64
1.24e+06
1235468

Process finished with exit code 0
```

图 3-8　以浮点数格式输出

从最后一行输出结果可以看出，当指定小数位数为 0 时，输出结果为四舍五入取整数部分。

3. 字符串输出

字符串的输出可以使用格式符 %s 进行格式设置，主要有以下几种书写方式，如表 3-2 所示。

表 3-2　字符串输出方式

格式化符	含义（ m 和 n 均为正整数）
%s	原样输出字符串
%ms	右对齐，占位符 m 位
%-ms	左对齐，占位符 m 位
%.ns	从字符串的左边截取 n 个字符输出
%m.ns	从字符串的左边截取 n 个字符输出，占位符 m 位，右对齐
%-m.ns	从字符串的左边截取 n 个字符输出，占位符 m 位，左对齐

【示例 3-10】使用格式符 %s 进行格式设置，代码如下：

```
print('%s' % 'hello world')      #字符串原样输出
print('%20s' % 'hello world')    #占位 20 位输出，右对齐，不够则补位
print('%-20s' % 'hello world')   #占位 20 位输出，左对齐，不够则补位
print('%.2s' % 'hello world')    #自左侧截取 2 个字符输出
```

```
print('%10.2s' % 'hello world')     # 自左侧截取 2 个字符输出，占位 10 位，右对齐
print('%-10.2s' % 'hello world')    # 自左侧截取 2 个字符输出，占位 10 位，左对齐
```

运行代码，结果如图 3-9 所示：

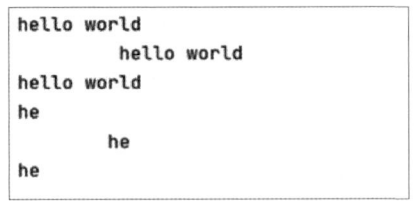

```
hello world
        hello world
hello world
he
        he
he
```

图 3-9　使用格式符 %s 进行格式设置

占位符 %d、%f、%e、%s 可以出现在 print( ) 语句的任意位置，可以单独使用，也可以一次格式化输出多个内容。

【示例 3-11】一次格式化输出多个内容，代码如下：

```
print(' 我是小 %s，诞生于 %d 年，已经拥有 %.1f 亿粉丝了 '%('Python',1991,1.2))
```

代码运行结果如图 3-10 所示：

我是小Python，诞生于1991年，已经拥有1.2亿粉丝了

图 3-10　一次格式化输出多个内容

3.2

财务信息的输入

3.2.1　input( ) 函数单值输入

微课：财务
信息的输入

Python 提供了内置函数 input( )，用于接收用户从键盘输入的信息。基本格式为：

input(' 输入提示信息 ')

其中"输入提示信息"是可选项，在代码运行后会原样显示出来，提醒用户该进行的操作。如果没有输入提示信息，运行后只有光标在闪烁。请对比下面两个例子的运行结果。

术语箱

内置函数是 Python 标准库中（语言自身携带）的函数（公共函数）。

【示例 3-12】输入内容，内容以字符串格式输出，代码如下：

```
name = input( )                    # 直接输入内容
print(' 你输入的名字是 %s'%name)    # 将输入的内容以字符串格式输出
```

运行代码，单击运行结果界面出现如图 3-11 所示的界面。

图 3-11　示例 3-12 运行后

在光标处输入"Lucky"后按回车键，界面如图 3-12 所示。

Lucky
你输入的名字是Lucky

图 3-12　输入名字后

【示例 3-13】在 input( ) 中输入内容，代码如下：

```
name = input(' 请输入你的名字：')   # 提示输入内容
print(' 你输入的名字是 %s'%name)    # 将输入的内容以字符串格式输出
```

运行代码，出现如图 3-13 所示的界面，提醒用户输入信息。

请输入你的名字：

图 3-13　提醒用户输入信息

在提示信息后面输入"Lucky"后按回车键，界面如图 3-14 所示。

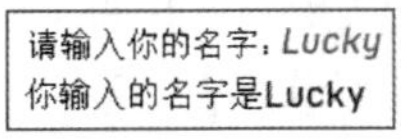

请输入你的名字：Lucky
你输入的名字是Lucky

图 3-14　输入"Lucky"后按回车键

需要特别指出的是，无论从键盘输入的是字符还是数字，input( ) 函数都将其识别为字符。

【示例 3-14】input( ) 函数将数字也识别为字符，代码如下：

```
x = input(" 请输入 x=")            # 输入 x 的值
y = input(" 请输入 y=")            # 输入 y 的值
z = x+y                            # 计算 x+y 的值
print("x+y="+z)
```

运行代码，依次输入 500、20，分别按 <Enter> 键运行。

运行结果如图 3-15 所示。

```
请输入x=500
请输入y=20
x+y=50020
```

图 3-15 示例 3-14 运行代码并输入数据后的界面

从运行结果看出，输入的 x 和 y 被识别为字符串，"＋"运算符的作用是把两个字符串连接起来。

在财务工作中，经常需要进行算术运算，此时可以使用类型转换函数 int( ) 将输入的值转换成数字。格式如下：

int(input('输入提示信息'))

【示例 3-15】输入原材料的月初库存、本月入库量、本月出库量，计算并输出库存量，代码如下：

```
月初 = int(input(" 请输入月初库存："))      #输入月初库存
入库 = int(input(" 请输入本月入库量："))    #输入本月入库量
出库 = int(input(" 请输入本月出库量："))    #输入本月出库量
库存 = 月初 + 入库 − 出库                    #计算本月库存量
print(" 本月库存量是 %d"% 库存 )            #输出本月库存量
```

运行代码，依次输入 500、300、600，分别按回车键运行，运行结果如图 3-16 所示。

```
请输入月初库存：500
请输入本月入库量：300
请输入本月出库量：600
本月库存量是200
```

图 3-16 示例 3-15 运行代码并输入数据后的界面

3.2.2 input( ) 函数多值输入

input( ) 函数一次输入多个值，可以与 split( ) 函数结合使用。

【示例 3-16】利用 input( ) 函数一次输入三个数，以空格隔开，代码如下：

```
a,b,c = input(' 输入三个数并以空格隔开：').split( )
print(a,b,c)
```

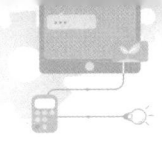

运行代码，依次输入 1、2、3，数字以空格隔开，再按回车键运行，运行结果如图 3-17 所示。

输入三个数并以空格隔开：1 2 3
1 2 3

图 3-17　利用 Input( ) 函数一次输入三个数并以空格隔开

split( ) 函数不指定分隔符时，默认使用空格作为分隔符。

【示例 3-17】利用 input( ) 函数一次输入姓名、年龄和身高，以逗号隔开，代码如下：

```
name,age,height = input(' 依次输入姓名、年龄和身高 , 以逗号隔开：').split(',')
print(name,age,height)
```

运行代码，依次输入对应数据，以逗号隔开，再按回车键运行，运行结果如图 3-18 所示。

依次输入姓名、年龄和身高,以逗号隔开：lucy,16,1.70
lucy 16 1.70

图 3-18　示例 3-17 代码运行结果

此处，split( ) 函数中指定逗号为分隔符，输入时，各值之间用逗号隔开，也可以根据需要，在 split( ) 函数中指定其他符号作为分隔符。

🔍 知行合一

"蝴蝶效应"是由美国气象学家爱德华·洛伦兹（Edward N.Lorenz）提出的，原意表达的是"一只南美洲亚马孙河流域热带雨林中的蝴蝶，偶尔扇动几下翅膀，可以在两周以后引起美国得克萨斯州的一场龙卷风"。后来被延伸为"一个微小的误差会随着时间不断推移造成巨大的后果"。

在 Python 的学习过程中，"输入"环节是 Python 代码编写的第一步，虽然简单但也极其重要，一旦输入错误，后面做的一系列工作便可能成为无用功。因此，要稳扎稳打走好每一步，基础的方法和思想不能错，否则问题的显现也只是时间的早晚。

总　结 ▶▶▶

通过本章的学习，掌握 Python 中输入和输出的基本方法。在此基础上，逐渐熟悉 Python 代码编写的简单规则。

课后练习 ▶▶▶

一、填空题

1. 一个 input( ) 函数一次输入＿＿＿＿个值。

2. 如果输出内容为＿＿＿＿或者＿＿＿＿，直接将要输出的数字或计算表达式写在 print( ) 函数的括号中即可。

二、实战题

1. 张三的语文考了 100 分，英语考了 105 分，数学考了 110 分，请完成以下操作：

（1）输入张三的姓名；

（2）依次输入张三的三门科目成绩；

（3）计算张三的平均成绩并打印；

（4）平均成绩保留小数点后一位；

（5）计算张三语文成绩占总成绩的百分比并打印。

2. 用 print( ) 函数输出如下格式内容：

第 3 章
交互式自测

第 4 章

财务数据的标签、类型和运算符

4

学习目标 ▶▶▶

知识目标

1. 掌握 Python 变量的命名规则。
2. 掌握 Python 中数据的不同类型以及运算方式。

技能目标

1. 能够熟练给变量合理命名。
2. 能够正确区分 Python 中对象的类型。
3. 熟练掌握不同类型数据的运算规则，并能准确判断运算结果。

素养目标

1. 通过 Python 命名规则的学习，增强学生遵纪守法和行为规范意识。
2. 通过 Python 数据类型和计算方式的学习，培养学生的边界思维和红线意识。

逻辑维度目标

1. 理解变量名和值的关系。
2. 理解数据分不同类型的原因。

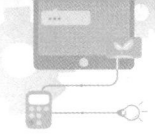

🔗 **思维导图** ➤➤➤

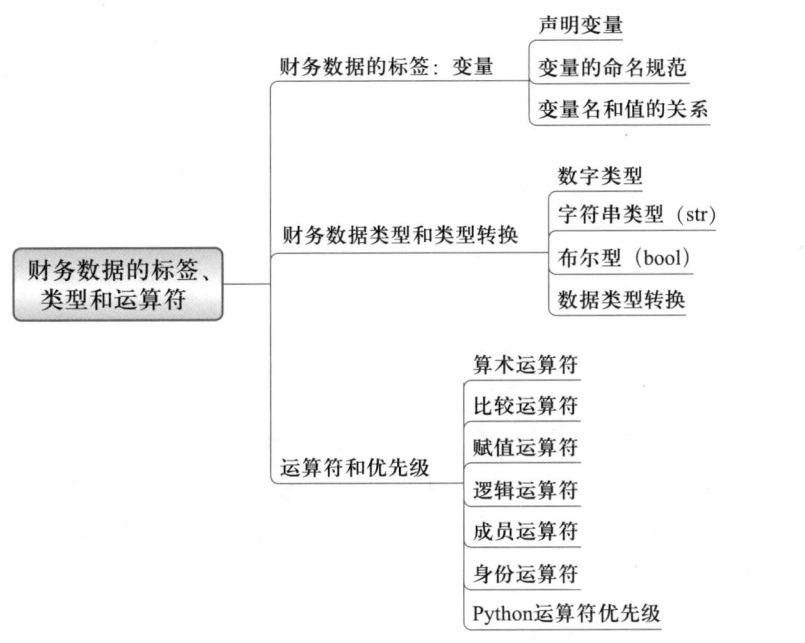

4.1 财务数据的标签：变量

变量一词来源于数学，在编程语言中一般用来表示计算结果或抽象概念，是编程语言中最常见的组成部分，通常用来表示一个值、一组数据、一个文件甚至另一个程序。对于初学者来说，最常见的变量可能是一个数字，也可能是一串字符。在财务工作中，变量往往以财务数据标签的形式存在，比如"期初余额"就是一个标签。另外，不同公司的财务数据标签也是不尽相同的。例如在第三章中有这样一段程序代码：

```
a = 12345678          #a 的值为 12345678
b = 34                #b 的值为 34
c = 34.628            #c 的值为 34.628
print('%d'%a)         # 以整数格式输出 a 的值
print('%d'%b)         # 以整数格式输出 b 的值
```

微课: 财务
数据的标签

```
print('%5d'%b)              #以整数格式输出 b 的值，指定占位符宽度为 5，右对齐
print('%-5d'%b,'%d'%a)      #以整数格式输出 a 和 b 的值，指定 b 的占位符宽度为 5，
                             左对齐
print('%d'%c)               #以整数格式输出 c 的值
```

这段程序代码中的 *a*、*b*、*c* 就是变量。

4.1.1　声明变量

声明变量是给变量赋值的过程，即给变量起个名字，然后给它一个数据，基本格式是：

变量名 = 变量值

例如：

name = "Alice"

这条指令的作用就是定义一个名为 name 的变量，并将字符串 "Alice" 赋值给它。

变量的值不是一成不变的，只要重新赋值，变量可以随时被修改；另外，Python 是弱类型的语言，定义变量时不用指明变量的类型，我们可以将不同类型的数据赋值给同一个变量。

【示例 4-1】将不同的值依次赋给变量 *n*，代码如下：

```
n = 10                     #将整数赋值给变量 n
n = 12.5                   #将小数赋值给变量 n
n = " 有借必有贷，借贷必相等 "   #将字符串赋值给变量 n
print(n)
```

运行代码，结果如图 4-1 所示。

有借必有贷，借贷必相等

图 4-1　示例 4-1 运行结果

从运行结果可以看出，变量一旦被重新赋值，之前的值就会被覆盖，变量只保留最后一次赋值的结果。

除了赋值单个数据，也可以将表达式的运行结果赋值给变量。

【示例 4-2】将表达式的运行结果赋值给变量，代码如下：

```
sum = 100 + 20             #将加法的结果赋值给变量
rem = 30 % 7               #将余数赋值给变量
print(sum)
print(rem)
```

运行代码，结果如图 4-2 所示。

```
120
2
```

图 4-2　示例 4-2 运行结果

变量赋值也可以通过键盘输入的方式完成，增加交互性。

【示例 4-3】进行初步的人机交互，代码如下：

```
name = input(" 请输入你的姓名：")
print(name," 欢迎你开启 Python 学习之旅！")
```

运行代码后，输入 Alice，按回车键，得到结果如图 4-3 所示。

```
请输入你的姓名：Alice
Alice 欢迎你开启Python学习之旅！
```

图 4-3　示例 4-3 最终运行结果

4.1.2　变量的命名规范

为了让整个 Python 程序代码统一，以增强其可读性，需要按一定的命名规则给变量进行命名。同时，要遵循一定的命名规范：

（1）名字由字母、数字、下划线"_"组成，并且不能以数字开头；

（2）名字长度不限，但是要考虑可读性；

（3）严格区分字母大小写，Name 和 name 是两个不同的变量名；

（4）不可使用 Python 中的关键字。

可以通过下面的指令获取关键字：

```
from keyword import kwlist
print(kwlist)
```

运行后，即可看到 Python 的关键字信息。

```
['False', 'None', 'True', 'and', 'as', 'assert', 'async', 'await', 'break', 'class', 'continue', 'def',
'del', 'elif', 'else', 'except', 'finally', 'for', 'from', 'global', 'if', 'import', 'in', 'is', 'lambda',
'nonlocal', 'not', 'or', 'pass', 'raise', 'return', 'try', 'while', 'with', 'yield']
```

值得一提的是，在命名习惯上，大多数程序员会使用驼峰命名法。另外，在 Python 中以下划线"_"开头的变量具有特殊意义，一般变量名最好不要以下划线"_"开头。

术语箱

驼峰命名法是复合词或短语的常用写法，书写时，单词之间没有空格和下划线，单词通过首字母大写进行区别。第一个单词首字母小写，其他单词首字母大写叫小驼峰，例如：thisIsPython；所有单词首字母均为大写的叫大驼峰，例如 StudentName。

4.1.3　变量名和值的关系

Python 中的变量名和值是标签和数据的关系，变量一旦定义，即可通过变量名获取它所代表的数据。

【示例 4-4】通过变量名获取值，代码如下：

```
pi = 3.14                              #定义圆周率为变量 pi 并赋值 3.14
r = float(input(" 请输入圆的半径 :"))   #定义圆半径为变量 r，并通过键盘输入 r 的值
c = 2*pi*r
area = pi*r*r
print(" 圆的周长为 %.2f，圆的面积为 %.2f"%(c,area))
```

运行代码后，输入 3，再按回车键运行，运行结果如图 4-4 所示。

```
请输入圆的半径:3
圆的周长为18.84，圆的面积为28.26
```

图 4-4　示例 4-4 最终运行结果

在【示例 4-4】中，变量 pi 直接赋值，变量 r 通过 input() 函数接收从键盘输入的内容赋值，此处用 float() 函数将字符串转换为浮点数，定义 pi 和 r 后，就可以在后面的指令中通过变量名获取它们的值。

4.2 财务数据类型和类型转换

视频：财务
数据类型及
转换

在计算机中存储的数据可以有多种类型。例如在图 4-5 凭证信息中，摘要、会计科目可以用字符型存储，借方金额、贷方金额可以使用数值型存储，此外，Python 还提供了布尔型、列表、元组、字典等类型。在 Python 中，使用内置函数 type() 可

以得到对象对应的类型。在 Python 中，基本数据类型包括数字类型、字符串类型和布尔型。

摘　要	会计科目		数量	单价	借方金额	贷方金额	记　账
	总账科目	明细科目					（签章）
购入A材料	原材料	A材料	5 000	10.00	50 000.00		
	应交税费	应交增值税（进）			6 500.00		
	银行存款					56 500.00	
合　计					￥ 56 500.00	￥ 56 500.00	

付 款 凭 证
2025年1月1日　　　　第 1 号

记账人　裴秋蓝　　审核　王依依　　出纳　姚淮辰　　制单　裴秋蓝

图 4-5　凭证信息

4.2.1　数字类型

Python 中的数字类型与数学中的数字概念相对应，主要包括整数、浮点数和复数。一般财务中常用的是保留两位小数的浮点数。

1. 整数（int）

整数就是没有小数部分的数字，Python 中的整数包括正整数、0 和负整数。Python 中整数的取值范围是无限的，不管多大或者多小的数字，Python 都能轻松处理。

【示例 4-5】使用 Python 整数取值，代码如下：

```
n = 78                              #将 78 赋值给变量 n
print(n)
print( type(n) )
x = 6666666666666666666666666666666  #给 x 赋值一个很大的整数
print(x)
print( type(x) )
y = –7777777777777777777777777      #给 y 赋值一个很小的整数
print(y)
print( type(y) )
```

运行代码，结果如图 4-6 所示。

```
78
<class 'int'>
6666666666666666666666666666666
<class 'int'>
-7777777777777777777777777
<class 'int'>
```

图 4-6　示例 4-5 运行结果

x 是一个很大的数字，y 是一个很小的数字，Python 都能正确输出，不会发生溢出，这说明 Python 对整数的处理能力非常强大。

2. 浮点数（float）

浮点数由整数部分和小数部分组成，主要用于处理包括小数的数。Python 中的浮点数有两种书写方式：十进制形式和指数形式。

（1）十进制形式。十进制形式是指数学中的小数形式，例如 34.6、346.0、0.346。以十进制形式书写浮点数时必须包含一个小数点，否则会被 Python 当作整数处理。

（2）指数形式。Python 浮点数的指数形式的写法为：

aEn 或 aen

a 为尾数部分，是一个十进制数；n 为指数部分，是一个十进制整数；E 或 e 是固定的字符，用于分割尾数部分和指数部分。整个表达式等价于 $a \times 10^n$。

例如：

$2.1E5 = 2.1 \times 10^5$，其中 2.1 是尾数，5 是指数。

$3.7E-2 = 3.7 \times 10^{-2}$，其中 3.7 是尾数，-2 是指数。

$0.5E7 = 0.5 \times 10^7$，其中 0.5 是尾数，7 是指数。

$14E3 = 14 \times 10^3$，其中 14 是尾数，3 是指数。

注意，在 Python 中只要数字写成指数形式就是浮点数，即使它的尾数部分不带小数点。例如 14E3 等价于 14 000，但就类型而言，14E3 是一个浮点数。

【示例 4-6】在 Python 中查看指数形式是浮点数，代码如下：

```
f1 = 3.14
print("f1 Value: ", f1)
print("f1 Type: ", type(f1))
f2 = 0.34557808421257003
print("f2 Value: ", f2)
print("f2 Type: ", type(f2))
f3 = 0.000000000000000000000000000847
print("f3 Value: ", f3)
print("f3 Type: ", type(f3))
f4 = 34567974513245678732452345.45006
print("f4 Value: ", f4)
print("f4 Type: ", type(f4))
f5 = 14e3
print("f5 Value: ", f5)
```

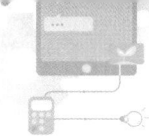

```
print("f5 Type: ", type(f5))
f6 = 15.3 * 0.1
print("f6 Value: ", f6)
print("f6 Type: ", type(f6))
```

运行代码，结果如图4-7所示。

```
f1 Value:  3.14
f1 Type:  <class 'float'>
f2 Value:  0.34557808421257
f2 Type:  <class 'float'>
f3 Value:  8.47e-26
f3 Type:  <class 'float'>
f4 Value:  3.456797451324568e+26
f4 Type:  <class 'float'>
f5 Value:  14000.0
f5 Type:  <class 'float'>
f6 Value:  1.5300000000000002
f6 Type:  <class 'float'>
```

图4-7　示例4-6运行结果

从运行结果可以看出，Python 中的浮点数有以下特征：

① 能容纳极小和极大的浮点数。Python 中用 print( ) 函数在输出浮点数时，默认情况下会根据浮点数的长度和大小适当舍去一部分数字，或者采用科学计数法。如 f2 Value、f3 Value、f4 Value 输出结果所示。

② Python 中只要数字写成指数形式就是浮点数，如 f5 Value 输出结果所示。

③ 数据在内存中都以二进制的形式存储，如果一个浮点数的小数部分在转换成二进制时是一串无限循环的数字，那么用 print( ) 函数输出的结果是不精确的，如f6 Value 输出结果所示。对于这种情况，所有编程语言都存在这个问题，可以通过格式化输出保留指定位数的小数即可。

3. 复数（complex）

Python 中的复数与数学中的复数形式完全一致，都是由实部和虚部组成，复数的虚部以 j 或者 J 作为后缀，具体格式为：

a + bj 或 a + bJ

a 表示实部，b 表示虚部。

【示例4-7】查看 Python 内置类型——复数，代码如下：

```
c = 15 + 0.2j
print("c Value: ", c)
print("c Type", type(c))
```

57

运行代码，结果如图 4-8 所示。

```
c Value:  (15+0.2j)
c Type <class 'complex'>
```

图 4-8　示例 4-7 运行结果

可以发现，复数是 Python 的内置类型，表示为 complex，Python 默认支持对复数的简单计算。

4.2.2　字符串类型（str）

Python 中的字符串是用单引号（' '）、双引号（" "）或三引号（""" """）括起来的一串字符组成，其中单引号和双引号表示单行字符串，三引号表示多行字符串。构成字符串的字符可以是汉字、字母、数字、符号等。

例如：'Hello World!' " 我爱 Python" "Python3"

''' 智能财务

智慧未来 '''。

【示例 4-8】输出 Python 字符串类型，代码如下：

```
a = 'hello world'
b = ''' 智能财经
智慧未来 '''
print(a)
print(b)
print(type(a))
print(type(b))
```

运行代码，结果如图 4-9 所示。

```
hello world
智能财经
智慧未来
<class 'str'>
<class 'str'>
```

图 4-9　示例 4-8 运行结果

从运行结果看，a 和 b 都是字符串类型，b 分两行显示，输代码时必须使用三引号括起来。字符串类型是在 Python 中应用较多的数据类型之一。

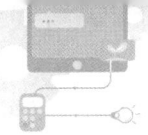

4.2.3 布尔型（bool）

数值型数据是对值大小的描述，提供一个值的范围，而布尔型数据只有两个值：True 和 False，用来表达非此即彼的概念。例如，可以用布尔值表示财务人员是不是要学习 Python，True 表示要学，False 表示不要学。

【示例4-9】创建布尔型变量并将其赋值，查看该变量的类型，代码如下：

```
gameOver = True
print(gameOver)
print(type(gameOver))
```

运行代码，结果如图 4-10 所示。

```
True
<class 'bool'>
```

图 4-10　示例 4-9 运行结果

特别注意，Python 是大小写敏感的语言，布尔值中的两个单词首字母必须大写。如果上面的代码写成：

```
gameOver = true
```

运行代码后，会出现如图 4-11 所示的错误提示。

```
Traceback (most recent call last):
  File "D:/pyworld/venv/Scripts/例题4-9.py", line 1, in <module>
    gameOver = true
NameError: name 'true' is not defined
```

图 4-11　布尔值错误提示

布尔型数据可以直接与数值型数据进行运算，此时，True 会识别为 1，False 识别为 0。

【示例4-10】布尔型数据与数值型数据运算，代码如下：

```
a = 4
b = a+True
c = a+False
print(b,c)
```

运行代码，结果如图 4-12 所示。

```
5 4
```

图 4-12　示例 4-10 运行结果

布尔型常用在分支结果条件判断和循环控制中。

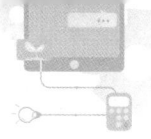

4.2.4　数据类型转换

通过 input( ) 函数从键盘接收的数据全部是字符串，当需要其他类型的数据时，要进行数据类型转换。在 Python 中，进行某些运算时，也需要将参与运算的数据转换成相同的数据类型，否则将会出错。

【示例 4-11】使用不同类型数据进行运算，代码如下：

```
a = 11
b = 22
c = '22'
print(a+b)
print(a+c)
```

运行代码后，输出 a + b 的结果为 33，a + c 则会反馈如图 4-13 所示的提示出错信息。

```
33
Traceback (most recent call last):
  File "D:/pyworld/venv/Scripts/例题4-11.py", line 5, in <module>
    print(a+c)
TypeError: unsupported operand type(s) for +: 'int' and 'str'
```

图 4-13　提示的出错信息

【示例 4-11】中，a 和 b 均为整数型，c 为字符串，系统提示不能将一个整数和一个字符串相加。

在 Python 中通常使用下面的函数实现类型的转换，如表 4-1 所示。

表 4-1　数据类型转换表

函数	含义
int(x [,base])	将 x 转换为一个整数
float(x)	将 x 转换到一个浮点数
complex(real [,imag])	创建一个复数
str(x)	将对象 x 转换为字符串
repr(x)	将对象 x 转换为表达式字符串
eval(str)	用来计算在字符串中的有效 Python 表达式，并返回一个对象
tuple(s)	将序列 s 转换为一个元组
list(s)	将序列 s 转换为一个列表

函数	含义
set(s)	将序列 s 转换为可变集合
dict(d)	创建一个字典。d 必须是一个（key，value）元组序列
frozenset(s)	将序列 s 转换为不可变集合
chr(x)	将一个整数 x 转换为一个字符
ord(x)	将一个字符串 x 转换为它的整数值
hex(x)	将一个整数 x 转换为一个十六进制字符串
oct(x)	将一个整数 x 转换为一个八进制字符串

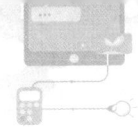

以下举例说明几种常用的数据类型转换。

1. 转换为整数类型

语法格式如下：

int(x)

将 x 转换为一个整数。

【示例 4-12】从键盘输入某固定资产的生命周期和已使用年限，计算并输出剩余使用年限。代码如下：

```
lifeTime = int(input(' 请输入固定资产的生命周期：'))
ypass = int(input(' 请输入固定资产已使用年限：'))
TimeLedt = lifeTime-ypass
print(" 该固定资产还可以使用的年数是：",TimeLedt)
```

运行代码，从键盘输入 15 和 8，分别按回车键运行，运行结果如图 4-14 所示。

```
请输入固定资产的生命周期：15
请输入固定资产已使用年限：8
该固定资产还可以使用的年数是：   7
```

图 4-14　计算某固定资产剩余使用年限

【示例 4-12】中，使用 int( ) 函数将 input( ) 函数输入的内容转换为整数，然后进行减法运算并输出结果。

2. 转换为浮点型

语法格式如下：

float(x)

将 x 转换为一个浮点数。

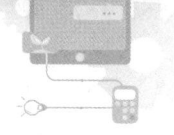

【示例4-13】某公司计划购入 A 材料 500 件，请从键盘输入 A 材料的单价，计算并输出应支付的材料费。代码如下：

```
unitPrice = float(input(' 请输入 A 材料的单价：'))
totalPrice = unitPrice*500
print(' 应支付的材料费是：%.2f'%totalPrice)
```

运行代码，输入单价13.8，再按回车键运行，运行结果如图 4-15 所示。

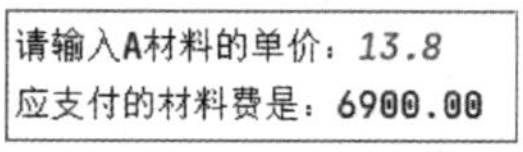

请输入A材料的单价：13.8
应支付的材料费是：6900.00

图 4-15　示例 4-13 最终运行结果

示例中，使用 float( ) 函数将输入的值转换为浮点型，输出时，使用格式化 "%.2f" 输出使得输出结果保留两位小数。

3. 转换为字符串

语法格式如下：

str(x)

运行后可以将 x 转换为一个字符串。

【示例4-14】小王乘坐出租车上班，总路程为 10.8 千米。出租车计费标准为：起步价 10 元，含 3 千米，超过 3 千米部分按每千米 2 元收费。请计算并输出小王本次的打车费用。代码如下：

```
mileage = 10.8
money = 10+(mileage−3)*2
print(" 小王本次打车费用是："+str(money))
```

运行代码，结果如图 4-16 所示。

小王本次打车费用是：25.6

图 4-16　输出小王本次打车费用

示例中，money 本来赋值为浮点数，输出时，为了和提示信息 "小王本次打车费用是：" 进行 "＋" 运算，应先使用 str( ) 函数将其转换为字符串类型。"＋" 并不是数学上的加法，而是表示将两个字符串连接在一起的意思，例如 "11"＋"22" 得到结果 "1122"。

4.3 运算符和优先级

Python 语言支持的运算符包括算术运算符、比较运算符、赋值运算符、逻辑运算符、成员运算符和身份运算符等。

4.3.1 算术运算符

Python 语言中常见的算术运算符含义及实例如表 4-2 所示。

表 4-2 算术运算符含义及实例

运算符	含义	实例
+	加，两个对象相加	2 + 3 输出结果 5
−	减，得到负数或是一个数减去另一个数	2-3 输出结果 −1
*	乘，两个数相乘或是返回一个被重复若干次的字符串	2*3 输出结果 6 'a' *3 输出结果 aaa
/	除，返回两个数相除的结果，得到浮点数	3/2 输出结果 1.5
%	取模，返回除法的余数，结果符号与除数一致	7%2 输出结果 1 7%−2 输出结果 −1
**	幂，a**b 表示返回 a 的 b 次幂	2**3 输出结果 8
//	取整除，返回相除后结果的整数部分（向下取整）	9//2 输出结果 4 −9//2 输出结果 −5

4.3.2 比较运算符

Python 语言中支持的比较运算符含义及实例如表 4-3 所示，比较运算符的运算结果是布尔型的数据。

表 4-3 比较运算符含义及实例

运算符	含义	实例
==	等于，比较对象是否相等	(1 == 2) 输出结果 False
!=	不等于，比较两个对象是否不相等	(1 != 2) 输出结果 True
>	大于，x>y，返回 x 是否大于 y	(1 > 2) 输出结果 False
<	小于，x<y，返回 x 是否小于 y	(2 < 3) 输出结果 True
>=	大于等于，x>=y，返回 x 是否大于或等于 y	(1 >= 3) 输出结果 False
<=	小于等于，x<=y，返回 x 是否小于或等于 y	(1 <= 3) 输出结果 True

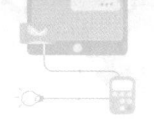

所有比较运算符返回 1 表示真，返回 0 表示假。这分别与特殊的变量 True 和 False 等价。

4.3.3　赋值运算符

Python 语言中赋值运算符表示将右边的值赋给左边的变量，常见的赋值运算符含义及实例如表 4-4 所示。

表 4-4　赋值运算符含义及实例

运算符	含义	实例
=	简单的赋值运算符	c = a + b，将 a + b 的运算结果赋值给 c
+=	加法赋值运算符	c += a 等效于 c = c + a
−=	减法赋值运算符	c − = a 等效于 c = c − a
*=	乘法赋值运算符	c *= a 等效于 c = c * a
/=	除法赋值运算符	c /= a 等效于 c = c / a
%=	取模赋值运算符	c %= a 等效于 c = c % a
**=	幂赋值运算符	c **= a 等效于 c = c ** a
//=	取整除赋值运算符	c //= a 等效于 c = c // a

4.3.4　逻辑运算符

Python 语言支持的逻辑运算符含义及实例如表 4-5 所示。

表 4-5　逻辑运算符含义及实例

运算符	含义	实例
and	布尔"与"，如果 x 为 False，x and y 返回 False，否则返回 y 的计算值	x = 10，y = 20，x and y 返回 20
or	布尔"或"，如果 x 为非 0，x or y 返回 x 的计算值，否则返回 y 的计算值	x = 10，y = 20，x or y 返回 10
not	布尔"非"，如果 x 为 True，not x 返回 False；如果 x 为 False，返回 True	x 为 True，not x 返回 False

4.3.5　成员运算符

Python 还支持成员运算符，测试实例中包含了一系列的成员，包括字符串、列表或元组。成员运算符含义及实例如表 4-6 所示。

表 4-6　成员运算符含义及实例

运算符	含义	实例
in	如果在指定的序列中找到值返回 True，否则返回 False	x in y，如果 x 在 y 序列中返回 True
not in	如果在指定的序列中没有找到值返回 True，否则返回 False	x not in y，如果 x 不在 y 序列中返回 True

4.3.6　身份运算符

身份运算符用于比较两个对象的存储单元是否一致，具体如表 4-7 所示。

表 4-7　身份运算符含义及实例

运算符	含义	实例
is	is 是判断两个标识符是不是引用自一个对象	x is y，类似 id(x) == id(y)，如果引用的是同一个对象则返回 True，否则返回 False
is not	is not 是判断两个标识符是不是引用自不同对象	x is not y，类似 id(x) != id(y)。如果引用的不是同一个对象则返回 True，否则返回 False

4.3.7　Python 运算符优先级

优先级是运算符号进行的先后顺序，类似数学中的加减乘除四则混合运算规则。表 4-8 列出了从最高到最低优先级的所有运算符及其含义。

表 4-8　运算符优先级及其含义

运算符	含义
**	指数（最高优先级）
~ + -	按位翻转，一元加号和减号（最后两个的方法名为 +@ 和 -@）
* / % //	乘、除、取模和取整除
+ -	加法、减法
<= < > >=	比较运算符
== !=	比较运算符
= %= /= //= -= += *= **=	赋值运算符
is is not	身份运算符
in not in	成员运算符
not and or	逻辑运算符

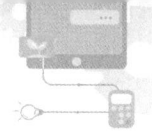

🔧 知行合一

　　有一则寓言说，青蛙和老鼠成了好友，想时时刻刻都在一起。于是，它们把脚绑在了一起。刚开始，它们在地面上行走正常，还能吃到谷子。当它们来到池塘边时，青蛙一下就跳进了水里，把老鼠也拖下了水。青蛙在水里玩得高兴，而可怜的老鼠不会游泳，淹死了。最后，老鼠的尸体浮上水面，它的脚仍然和青蛙绑在一起。一只老鹰发现了老鼠，便冲向水面，抓起老鼠，而青蛙也跟着被提出水面，成了老鹰的美食。

　　本章介绍了 Python 中存储数据时的不同数据类型和运算符，在日常代码的书写过程中，也应按照规则进行分类梳理，使用相应的代码去处理数据问题，不能混作一团，否则程序会报错。

📋 总　结 ▶▶▶

　　本章主要描述了 Python 的变量、数据和数据类型，以及它们之间相互转换的基本方法。以数字、浮点数这样的财务数据为主，讲解了与财务相关的身份、成员、逻辑等多种运算符，财务上的变量、数据标签等知识。通过学习本章内容，能够对数据进行计算机逻辑上的划分。为进一步统筹规划财务中的相关数据标签和格式，提供有利的知识支撑。

📝 课后练习 ▶▶▶

一、填空题

1. 程序 a = input( ) 运行后，输入 10，然后 print（a*a）的结果是_____。
2. 程序 print（-3*2 + 5/-2-4）的运行结果是_____。

二、实战题

1. 读程序写结果。

```
print(1 + 1)
print(2 - 1)
print(3 * 4)
```

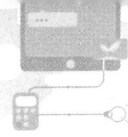

```
print(3 / 4)
print(3 // 4)
print(3 % 4)
print(2 ** 3)
```

请将结果写在对应代码后面。

2. 读程序写结果。

```
print(2 > 1)
print(2 >= 4)
print(1 < 2)
print(5 <= 2)
print(3 == 4)
print(3 != 5)
```

请将结果写在对应代码后面。

3. 读程序写结果

```
print((3 > 2) and (3 < 5))
print((1 > 3) or (9 < 2))
print(not (2 > 1))
```

请将结果写在对应代码后面。

4. 读程序写结果

```
print(-3 ** 2)
print(3 ** -2)
print(1 < 3 + 2 & 7)
print(3 < 4 and 4 < 5)
```

请将结果写在对应代码后面。

5. 读程序写结果

```
print(int('520'))
print(int(520.52))
print(float('520.52'))
print(float(520))
print(str(10 + 10))
print(str(10.1 + 5.2))
```

请将结果写在对应代码后面。

6. 结合本章图 4-5 凭证中的内容，请写出其中出现的数据类型。

67

第 5 章

财务数据存储——字符串

5

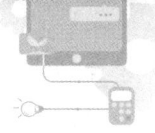

 学习目标 ▶▶▶

知识目标
1. 了解字符串的概念和表达方式。
2. 掌握字符串索引的概念。
3. 熟悉字符串常用的内置函数、方法。

技能目标
1. 能够创建字符串类型的数据。
2. 能够利用索引和切片访问字符串元素。
3. 能够利用常用字符串内置函数和方法完成简单计算。

素养目标
1. 提升分门别类的规则意识。
2. 增强协调沟通意识。

逻辑维度目标
1. 通过 Python 的数据存储深化财务和 Python 的结合。
2. 通过 Python 的数据存储建立计算机思维。

 思维导图 ▶▶▶

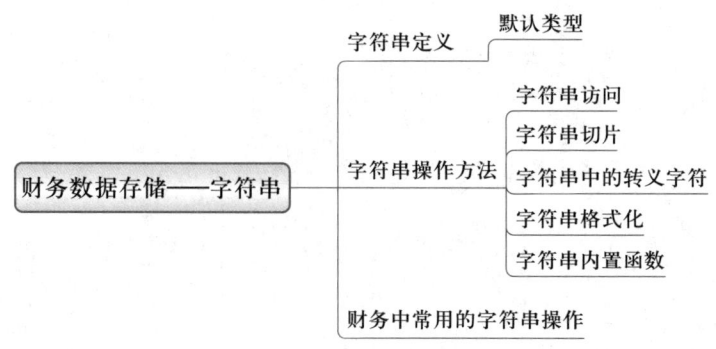

5.1 字符串定义——默认类型

字符串通俗地讲，就是文本类型，可以理解为单词、短语或者句子。比如在 Excel 中，可以将某一行的数据格式设置为文本，如图 5-1 所示。字符串是使用 Python 进行数据处理时，使用频率最高的一种数据类型。

图 5-1　Excel 表格中的文本格式

在 Python 中，字符串是以英文单引号（' '）或英文双引号（" "）括起来的任意文本，如图 5-2 所示。自然语言建议使用双引号表示，标识符等程序文本建议使用单引号表示，代码中一般以单引号表示居多。

会计科目在 Python 中就是以字符串的方式存储的，比如：'1001'，"1001- 库存现金 "，'银行存款' 等，注意，即使是数字，如果用引号引起来，即表示字符串，如图 5-3 所示。

图 5-2　字符串的文本使用　　　图 5-3　会计科目以字符串的方式体现

字符串可以包含 0 到无数个字符元素，最新的 Python 版本支持包含英文和中文在内的大多数语言。

【示例 5-1】字符串类型展示，代码如下：

```
f = '1001- 库存现金 '
print(type(f))
```

运行代码，结果如图 5-4 所示。

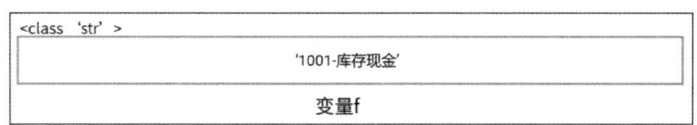

图 5-4 字符串类型展示

运行结果表示 f 是字符串类型。图 5-5 展示了 f 字符串在计算机内部的存储情况。type 是 Python 内置的一种查看变量类型的方法。

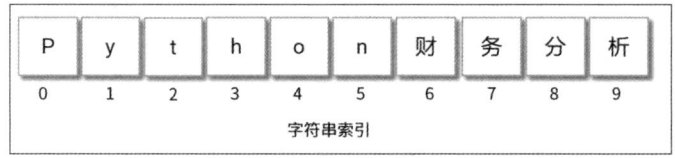

图 5-5 变量 f 在计算机内部存储情况

5.2 字符串操作方法

5.2.1 字符串访问

字符串是一种字符的序列，序列中的每个元素都会分配一个数字编号，这个数字编号称为索引。例如，"Python 财务分析"字符串，共 10 个元素，索引值为 0~9，如图 5-6 所示。

| P | y | t | h | o | n | 财 | 务 | 分 | 析 |
| 0 | 1 | 2 | 3 | 4 | 5 | 6 | 7 | 8 | 9 |

字符串索引

图 5-6 字符串索引

我们可以将字符串"Python 财务分析"中的 10 个元素，想象成 10 个挨在一起的盒子，盒子的编号是 0~9，即盒子 0、盒子 1、盒子 2……每个盒子里装着 1 个元素。

Python 字符串，从左到右索引值默认从 0 开始，最大范围是字符串长度减 1，从右到左索引值默认从 -1 开始，最大范围是字符串开头。Python 字符串索引如表 5-1 所示。

表 5-1 Python 字符串索引

字符串	P	y	t	h	o	n
正索引	0	1	2	3	4	5
负索引	−6	−5	−4	−3	−2	−1

如果想单独取出字符串中的某个元素，可以使用字符串 [索引值] 的方法。

【示例 5-2】在"Python 财务分析"字符串中调取字母"y"，"y"的索引值是 1，代码如下：

```
a = 'Python 财务分析 '
print(a[1])
```

运行代码，结果如图 5-7 所示；整个程序的图解如图 5-8 所示。

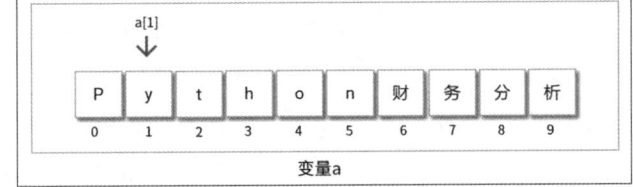

图 5-7 示例 5-2 运行结果　　　　　　图 5-8 字符"y"的位置

【示例 5-3】在"Python 财务分析"字符串中调取汉字"财"，"财"的索引值是 6，代码如下：

```
a = 'Python 财务分析 '
print(a[6])
```

运行代码，结果如图 5-9 所示；整个程序的图解如图 5-10 所示。

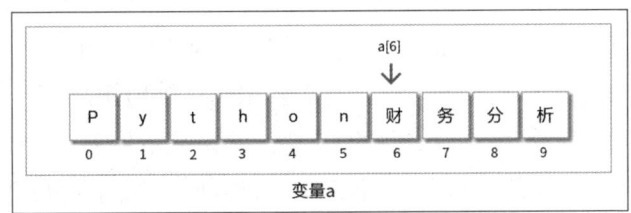

图 5-9 调取汉字"财"　　　　　　图 5-10 汉字"财"的位置

索引位置分为正索引和负索引，【示例 5-2】和【示例 5-3】通过 a[1] 和 a[6] 分别访问到了字母"y"和汉字"财"。那么如果通过负索引，该怎么获取字母"y"和汉字"财"呢？

首先，用负索引对字符串"Python 财务分析"各个元素重新标注位置，如图 5-11 所示。

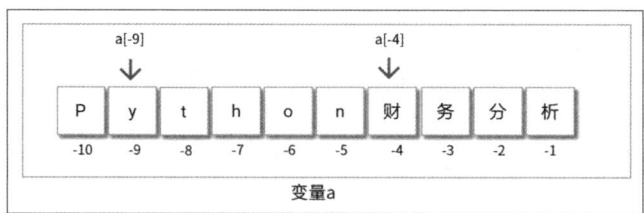

图 5-11　负索引找字符

由图 5-11 可知，通过 a[-9] 可以访问到字母"y"，通过 a[-4] 可以访问到汉字"财"。

【示例 5-4】通过负索引访问字符串"Python 财务分析"中的"y"和"财"，代码如下：

```
a = 'Python 财务分析'
print(a[-9])
print(a[-4])
```

运行代码，结果如图 5-12 所示。

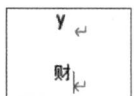

图 5-12　访问字母"y"，访问汉字"财"

5.2.2　字符串切片

在上面的学习中，我们获取的都是字符串中的单个元素。如果想同时获取字符串中的多个元素，例如，从"Python 财务分析"中获取"财务分析"四个汉字，应该怎么做呢？这时候，就需要用到字符串切片。

字符串切片，顾名思义，就是截取字符串中的一段。通过运用字符串切片语法，就可以按需要对字符串进行截取，如图 5-13 所示。

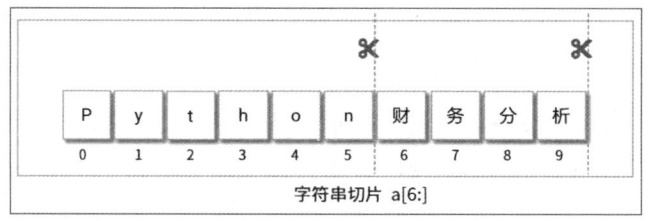

图 5-13　字符串切片

截取字符串中的某个片段，例如，从"Python 财务分析"截取"财务分析"，汉字"财"的索引值是 6，汉字"析"的索引值是 9，为了保证能截取到"析"这个

汉字，结束索引值必须是结束字符对应的索引值＋1，即取到结束索引值之后停止。字符串切片语法规则如图 5-14 所示。步长表示每相隔多少个元素进行截取，默认步长为 1，可以忽略不写。

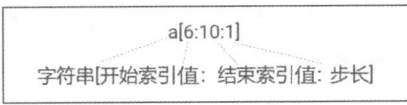

图 5-14　字符串切片语法规则

下面通过几个简单的例子，来进一步掌握字符串切片。

【示例 5-5】a = 'Python 财务分析'，截取 a 中的"on"两个字母，则字符串切片代码为 a[4:6]，如图 5-15 所示。

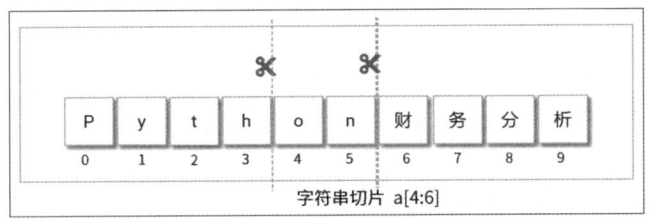

图 5-15　字符串切片 a［4:6］

【示例 5-6】a = 'Python 财务分析'，截取 a 中的"Pto"3 个字母，则字符串切片代码为 a[0:5:2]，如图 5-16 所示，"0"表示从索引值 0 开始进行切片，到索引值 5 前面的元素结束，每隔 2 个元素截取一次，即步长为 2。

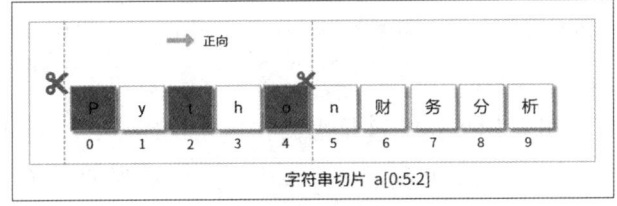

图 5-16　字符串切片 a［0:5:2］

【示例 5-7】a = 'Python 财务分析'，截取 a 中的全部，则字符串切片代码为 a[0:10] 或者 a[:]。如图 5-17 所示，从索引值 0 开始进行切片，到索引值 10 前面的元素结束。如果开始索引值为 0，结束索引值为字符串长度＋1，则索引值可以省略不写，即可以写成 a[:]。a[:] 表示截取字符串本身。

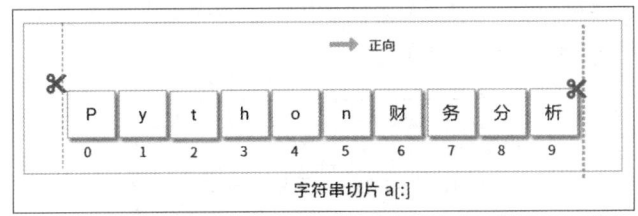

图 5-17　字符串切片 a[:]

75

5.2.3　字符串中的转义字符

在计算机中，我们可以手写出 abc，但是你可以手写出换行符吗？可以看见回车符吗？答案是否定的。在计算机中，有些符号我们无法手动书写，比如换行符、回车、换页，这时候就需要用到转义字符。常见的转义字符如表 5-2 所示。

表 5-2　常见的转义字符

转义字符	含义
\	续行符，如果想写在下一行，可以用 \ 连接本行和下一行（常用）
\\	反斜杠符号（常用）
\'	单引号（常用）
\"	双引号（常用）
\000	空字符
\n	换行字符（常用）
\v	纵向制表符
\t	横向制表符（常用）
\r	回车
\f	换页

这些转义字符如何应用呢？

在 Python 中，通常使用单引号或双引号定义字符串，那么如何在字符串中书写一个单引号呢？比如需要定义一个字符串 "It's a string."，代码如下：

```
print('s = It's a string.')
```

运行代码，计算机开始报错，这是因为在这句代码中，字符串是使用单引号括起来的，可是在字符串中间又出现了一个单引号，到底哪两个单引号才是真正的一对呢？计算机无法判定，便出现了歧义。

在面对这种情况的时候，就需要用到转义字符，正确代码如下：

```
print('s = It\'s a string.')
```

【示例 5-8】在代码中使用转义字符。

```
print(' 当月购入固定资产 \n 下月计提折旧 ')
print(' 当月购入固定资产 \t 下月计提折旧 ')
```

运行代码，结果如图 5-18 所示。

```
当月购入固定资产
下月计提折旧
当月购入固定资产    下月计提折旧
```

图 5-18　转义字符示例 5-8

76

5.2.4 字符串格式化

在 Python 中我们会遇到一个问题，即如何输出格式化的字符串。例如，输出类似"亲爱的 xx 你好！你 xx 月的话费是 xx，余额是 xx"的字符串，其中 xx 是根据变量变化的，实际上，上述情况就是一种字符串的拼接操作。在字符串的拼接操作过程中会产生很多新的字符串，这样会造成内存的浪费，这个时候我们便需要一种简便的格式化字符串的方式。所谓字符串格式化就是以一定的格式输出的字符串。

常见的格式化符号如表 5-3 所示。

表 5-3 常见的格式化符号

格式化符号	含义
%d	格式化整数（常用）
%f	格式化浮点数字，可指定小数点后的精度（常用）
%s	格式化字符串（常用）
%u	格式化无符号整数
%e	用科学计数法格式化浮点数
%E	用科学计数法格式化浮点数

如何将字符串进行格式化呢？

格式化字符串常用 % 作占位符，如图 5-19 所示。

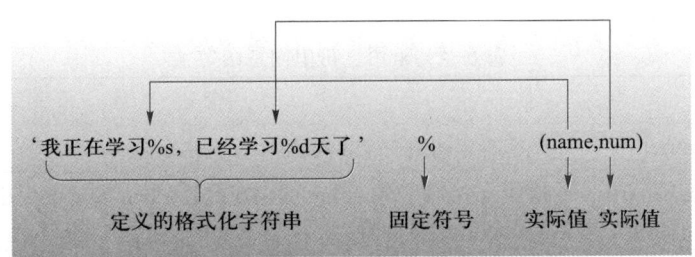

图 5-19 格式化字符串用 % 作占位符

在实际运行时，name 会添加到 %s 的位置，num 会添加到 %d 的位置。

同样的，字符串格式化也无须死记硬背，尝试输入下面几个例子便能掌握。

【示例 5-9】字符串格式化输出，代码如下：

```
name = 'Python 财务基础 '
num = 7;
print (' 我正在学习 %s, 已经学习 %d 天了 '% (name, num))
```

77

运行代码，结果如图 5-20 所示。

> 我正在学习Python财务基础，已经学习7天了
> >>>

图 5-20　字符串格式化输出一

【示例 5-10】字符串格式化输出，代码如下：

```
a = 9999.99
print('a 的格式化：%d'%a)
print(' 本年 %d 月份 %s 科目余额是 %d 元。'%(5, ' 库存现金 ', 10000))
```

运行代码，结果如图 5-21 所示。

> **a的格式化：9999**
> 本年5月份库存现金科目余额是10000元。

图 5-21　字符串格式化输出二

5.2.5　字符串内置函数

什么是内置函数?

在编程过程中，有的代码是重复使用的，为了方便，将频繁使用的代码封装起来，并给它起一个名字，以后使用的时候只需要调用就可以了，这就是函数。Python 解释器也是一个程序，它给用户提供了一些常用的功能，并给它们起了独一无二的名字，这些常用的功能就是内置函数，这些内置函数可以直接拿来使用。常用字符串内置函数如表 5-4 所示。

表 5-4　常用字符串内置函数

方法	含义
string.capitalize( )	把字符串的第一个字符大写
string.count(str, beg = 0, end = len(string))	返回 str 在字符串 string 的出现次数，beg 表示查找开始位置，end 表示查找结束位置
string.format( )	格式化字符串
string.join（seq）	以 string 作为分隔，合并序列 seq 所有的元素
string.lower( )	转换 string 中的所有大写字符到小写字符
string.upper( )	转换 string 中的所有小写字符到大写字符
string.title( )	以首字母大写的方式显示 string 中的每个单词
string.swapcase( )	将 string 中的大小写字母进行转换（大写变小写，小写变大写）
string.find( )	在 string 中查找子串，如果找到返回子串的第一个字符索引值否则返回 −1

内置函数使用户在运用 Python 语言进行学习和工作时更加轻松便捷。下面我们一起探究内置函数的使用。

内置函数的调用如图 5-22 所示。自定义字符串名称与内置函数用英文字符"."连接。

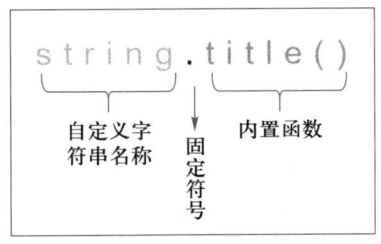

图 5-22　内置函数的调用

💬 **小知识**

必须注意的是，title( ) 函数是字符串专用方法，并不是每个数据类型都有这样的方法。那么怎么知道不同的数据类型分别都有什么具体的方法呢？在 PyCharm 里，定义完变量类型后，直接敲"."后面会自动弹出这个变量类型所支持的方法。

【示例 5-11】使用内置函数 title( ) 修改字符串的大小写，代码如下：

```
string = "I love to learn Python"
print(string.title( ))
```

运行代码，结果如图 5-23 所示。

```
I Love To Learn Python
>>>
```

图 5-23　使用 title( ) 函数将每个单词首字母都变为大写

示例 5-11 程序运行的内部效果展示如图 5-24 所示，通过调用字符串的 title( ) 内置函数，将字符串中每个单词的首字母都转换成大写。

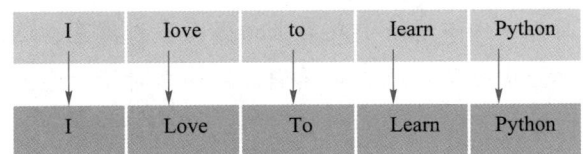

图 5-24　调用字符串的 title( ) 内置函数

字符串内置函数同样无须死记硬背，使用的时候查询即可。

79

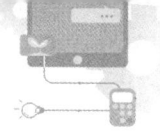

【示例 5-12】使用字符串中的内置函数，代码如下：

```
a = ' 库存现金 1000.'
print(a.find('1000'))
str = "/"
seq = (" 库存现金 ", " 银行存款 ", " 应收账款 ")
print(str.join(seq))
```

运行代码，结果如图 5-25 所示。

4
库存现金/银行存款/应收账款

图 5-25　内置函数程序运行结果

🔍 知行合一

　　Python 对字符串的操作功能非常强大，其中最主要的一个操作就是加密，比如将明文 'I love you.' 转变成密文 'J mpwf zpv.'。明文是计算机的术语，指人能看得懂的文字和表述；密文则是经过计算机加密的文字和表述，人无法通过字面表述来理解。对于计算机而言，无论明文还是密文其实都是字符串，Python 提供了很多字符串的操作方法。现在为什么很多人学 Python，原因之一就是它对字符串这种与人类语言文字相类似的对象，有着丰富的处理方法和便捷的转义识别能力。知识经济时代的信息安全、加密解密技术、个人信息的安全，已经成为当今社会人们非常关注的领域。学好 Python 字符串，并将它与我们生活中经常用到的通信加密结合起来，对于更好地保护财务相关数据的安全，能起到非常积极的作用。

　　在本章节的学习中，注意不要因为一个转义字符或者一个标点符号的语法错误而导致整串代码不能运行成功。这就要求我们财务专业同学发挥细致入微的优势，一定要认真检查，注意细节。细小的差错放在 Python 学习上只是程序出错，放在财务工作中，就可能造成重大的财务损失，千里之堤，溃于蚁穴。同样的，在我们的生活中，也不要因为一件事情很小或者很细微而不去注意，这很有可能会因小失大。在我们的大学生活中更是如此。同学们必须认真对待大学生活中的每一次学习并珍惜展示自己的机会。

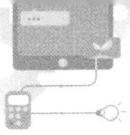

5.3 财务中常用的字符串操作

通过前两节的学习，我们已经知晓了字符串的相关知识，本节将通过示例展示一下具体的字符串操作。

【示例 5-13】综合字符串编程，代码如下：

```
import string
s = 'sales Revenue'
# 字符串第一个字符大写
print('s 的第一个字符大写：%s'%(s.capitalize( )))
# 字符串所有字符大写
print('s 的所有字符大写：%s'%(s.upper( )))
# 字符串所有字符小写
print('s 的所有字符小写：%s'%(s.lower( )))
# 字符串每个单词的首字母大写
print('s 的每个字符首字母大写：%s'%(s.title( )))
# 字符串大小写进行转换
print('s 的大小写转换：%s'%(s.swapcase( )))
# Revenue 替换成 Cost
print('将 Revenue 替换成 Cost 后：', s.replace('Revenue', 'Cost'))
# 统计 e 出现次数
print('e 在 s 中出现的次数是：%s'%(s.count('e')))
# 以空格分割字符串,组成数组
fm = ' 格式：%s'
print(fm%('Sales Revenue'))
print(fm%(2024))
```

运行代码，结果如图 5-26 所示。

```
s的大写形式：Sales revenue
s的大写形式：SALES REVENUE
s的小写形式：sales revenue
s的小写形式：Sales Revenue
s的小写形式：SALES rEVENUE
将Revenue替换成Cost后：  sales Cost
e在s中出现的次数是：4
格式：Sales Revenue
格式：2024
>>>
```

图 5-26　综合字符串编程程序运行结果

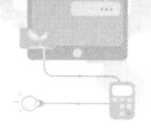

总 结 ▸▸▸

本章主要介绍了字符串，字符串包含多种操作，包括格式化输出、转义字符、使用内置函数操作字符串等。操作过程并不需要死记硬背，使用的时候进行查询即可。

课后练习 ▸▸▸

一、填空题

1. 字符串元素的正索引自左向右进行编号，其中第一个元素的索引号为_____。

2. 查看代码，写出结果。

```
a = "gouguoqi"
b = a.capitalize( )
print(a)
print(b)
```

代码的运行结果是_____。

3. 利用下划线拼接字符串 li = "gouguoqi" 中的所有元素，即输出结果为 g_o_u_g_u_o_q_i。请写出对应的代码：_____。

二、实战题

1. 已知字符串 sl＝"Python 在财务中的应用"，利用字符串的索引和切片，分别从 sl 中截取出"财""应用""to"。

2. 给定一个字符串 str＝'my name is baobao'，将空格替换为', '，并输出显示。

3. 用变量表示一个人的名字，并向其显示一条消息。以名字为"Lisa"为例，显示如下消息：

Hello Lisa, would you like to learn some Python today?

4. 用变量表示一句你最喜欢的英文歌词，分别以大写、小写、首字母大写、大小写调换的方式显示这句歌词。

5. 选择一句你喜欢的名人名言，参考如下格式输出：

Albert Einstein once said, "A person who never made a mistake never tried anything new."

第 6 章

财务数据存储——列表

6

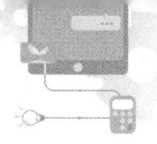

 **学习目标** >>>

知识目标
1. 了解列表的概念和特征。
2. 掌握列表元素索引方式。
3. 了解列表常用内置函数。

技能目标
1. 能够创建列表。
2. 能够使用索引和切片访问列表元素。
3. 能够进行列表元素的添加、修改、删除操作。

素养目标
1. 通过列表与字符串的比较学习，培养学生的类比学习习惯。
2. 通过比较列表与字符串内置函数的异同，培养学生的差异性思维。

逻辑维度目标
1. 培养"列表"思维，将复杂繁多的问题按一定逻辑理清思路，快速求解。
2. 利用列表分析与储存财务中的繁杂信息。

 思维导图 >>>

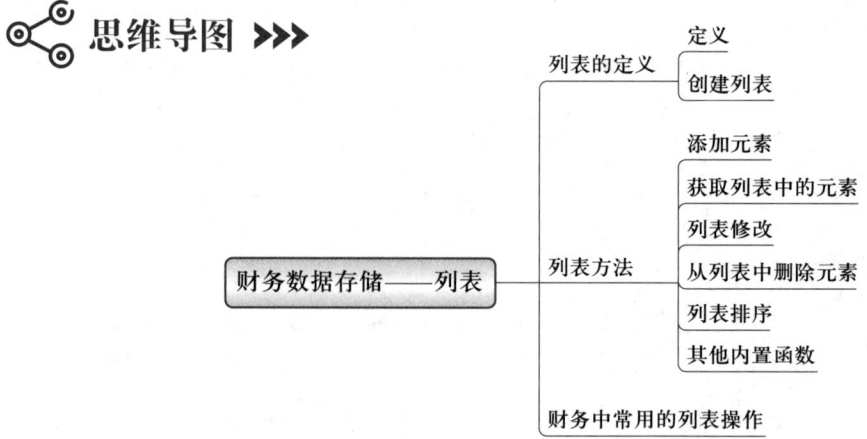

微课：财务中的列表

Python 可以在内存中存储一些信息，这些信息可以用相应的名字来获取。Python 可以存储字符串和数字，也可以存储一维数据，Python 将这些信息放在某个"组"或者"集合"中，这样一来，就可以一次性对整个集合做某些处理，也能更容易地记录一组数据。

6.1 列表的定义

6.1.1 定义

和现实中列表的字面意思类似，在 Python 中，列表（list）是一种有序的存储结构，它可以存放任意类型的元素，包括数字、字符串、对象，甚至是其他列表。列表使用中括号 [] 来表示，元素之间用逗号分隔。列表格式如图 6-1 所示。

格式：列表名 = [元素1,元素2,元素3,……]

例如：会计要素 = [资产,负债,所有者权益,收入,费用,利润]

图 6-1　列表格式

【示例 6-1】定义一个列表。

列表名是"list1"，元素是 ' 会计科目 '，' 会计凭证 '，' 会计账簿 '，' 会计报表 '，元素间使用逗号（英文状态下）分隔。代码如下：

```
list1 = [' 会计科目 ',' 会计凭证 ',' 会计账簿 ',' 会计报表 ']
print(list1)
```

运行代码，结果如图 6-2 所示。

['会计科目', '会计凭证', '会计账簿', '会计报表']

图 6-2　定义列表"list1"

6.1.2 创建列表

【示例 6-1】的"list1"是一个变量，前面提到，我们可以赋予变量不同类型的值，既可以是数字，也可以是字符串，还可以是列表。与创建其他类型的变量一样，可以将一个列表赋值给【示例 6-1】中的"list1"，同时，也可以通过赋值来创

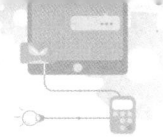

建一个空的列表。

【示例 6-2】创建一个空列表"list2"，代码如下：

```
list2 = [ ]
print(list2)
```

运行代码，结果如图 6-3 所示。

```
[]
```

图 6-3　创建空列表"list2"

因为中括号里面没有任何元素，所以这个列表是空的。为什么要创建空列表呢？因为有时无法提前知道列表由哪些元素组成，也不知道列表中会有几个元素以及具体的元素内容。有了空列表后，程序就可以在这个列表中添加元素。

6.2 列表方法

6.2.1　添加元素

我们可以在创建好的列表中添加元素，能够使用的函数有 append( ) 函数、extend( ) 函数和 insert( ) 函数。

1. 添加单个元素

要在列表中添加单个元素，就要使用 append( ) 函数。

【示例 6-3】接【示例 6-2】，在列表"list2"中添加元素，代码如下：

```
list2 = [ ]
list2.append(' 会计主体 ')
print(list2)
```

运行代码，结果如图 6-4 所示。

```
[ ' 会计主体 ' ]
```

图 6-4　在列表"list2"中添加元素

由图 6-4 可知空列表中加入了元素'会计主体'，还可以再加入其他元素。

【示例 6-4】接【示例 6-3】，继续向 "list2" 中添加元素，代码如下：

```
list2 = [ ]
list2.append(' 会计主体 ')
list2.append(' 持续经营 ')
print(list2)
```

运行代码，结果如图 6-5 所示。

['会计主体', '持续经营']

图 6-5　继续向 "list2" 中添加元素

在【示例 6-3】中，我们直接在空列表中添加元素，在【示例 6-4】中，我们在非空列表中添加元素。append() 函数会在列表末尾添加元素，且只可以添加一个元素。所以，在列表中添加元素之前，必须先创建列表，可以是空列表，也可以是非空列表。

2. 添加多个元素

如果要在列表中添加多个元素，这时就会用到 extend() 函数。

【示例 6-5】接【示例 6-3】，在 "list2" 中用 extend() 函数添加多个元素，代码如下：

```
list2 = [' 会计主体 ']
list2.extend([' 持续经营 ', ' 会计分期 ', ' 货币计量 '])
print(list2)
```

运行代码，结果如图 6-6 所示。

['会计主体', '持续经营', '会计分期', '货币计量']

图 6-6　用 extend() 函数添加多个元素

上面的示例中，我们将一个列表添加到了列表 list2 的末尾，需要注意的是，extend() 函数的作用是将一个列表的元素添加到另一个列表中，所以，其参数必须是一个列表。

3. 插入元素

前面提到的是在列表末尾添加元素，如果想要在列表中指定的位置添加元素，就需要使用 insert() 函数。

【示例 6-6】创建一个非空列表"list3"，用 insert( ) 函数向"list3"中插入元素，代码如下：

```
list3 = [' 管理费用 ', ' 销售费用 ', ' 制造费用 ']
list3.insert(2, ' 财务费用 ')
print(list3)
```

运行代码，结果如图 6-7 所示。

[' 管理费用 ', ' 销售费用 ', ' 财务费用 ', ' 制造费用 ']

图 6-7　用 insert( ) 函数向"list3"中插入元素

在上面的代码中，我们将"财务费用"插入到索引值为 2 的位置。因为索引值是从 0 开始的，所以索引值为 2 代表列表中的第三个位置。此时，原先位于第三个位置的"制造费用"会向后挪一个位置，也就是挪到第四个位置。

以上是在列表中添加元素的三种函数，在使用中要区分三种函数的作用，即 append( ) 函数是在列表末尾添加单个元素，extend( ) 函数是在列表末尾添加多个元素。insert( ) 函数可以在指定位置插入新的元素。

6.2.2　获取列表中的元素

我们可以按元素的索引值从列表中获取单个元素。列表中每个元素都有一个索引值，用来表示元素在列表中的位置。通过索引值可以获取、修改、截取或删除列表中的元素。列表的索引方式和字符串的一样，即有正索引和负索引之分。例如，如果用 i 来表示索引编号，正索引时，i 自左向右，编号从 0 开始，列表名 [i] 就表示访问列表中的第 i + 1 个位置的元素；负索引时，i 自右向左，编号从 −1 开始。如图 6-8 所示，list3 [1] 和 list3 [−3] 都表示访问列表"list3"中的第二个元素"持续经营"。

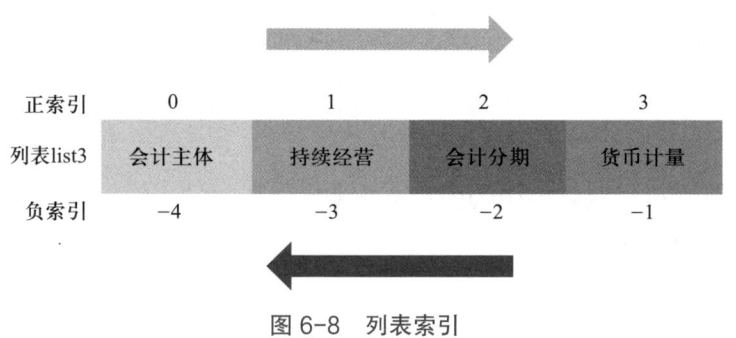

图 6-8　列表索引

【示例6-7】获取列表"list3"中的单个元素，代码如下：

```
list3 = ['管理费用','销售费用','财务费用','制造费用']
print(list3[0])
print(list3[-1])
```

运行代码，结果如图6-9所示。

```
管理费用
制造费用
```

图6-9　获取"list3"中的单个元素

【示例6-7】获取了列表中的单个元素，当要同时获取列表中的多个元素时，需要使用列表切片。

【示例6-8】使用列表切片获取"list3"中的元素，代码如下：

```
list3 = ['管理费用','销售费用','财务费用','制造费用']
print(list3[1:3])
```

运行代码，结果如图6-10所示。

```
['销售费用', '财务费用']
```

图6-10　使用列表切片获取"list3"中的数据

列表切片与字符串切片的操作相同，在【示例6-8】中，开始索引值为1，结束索引值为3，默认步长为1，截取到的元素是索引值为1和2的元素，结束索引的元素是截取不到的。

可以采用一些简写形式来使用切片，如果切片包括列表的第一个元素，那么简写方式就是先写冒号再写结束元素索引值加1的数值。

【示例6-9】用列表切片的简写方式截取"list3"中的前三个元素，代码如下：

```
list3 = ['管理费用','销售费用','财务费用','制造费用']
print(list3[:3])
```

运行代码，结果如图6-11所示。

```
['管理费用', '销售费用', '财务费用']
```

图6-11　用列表切片的简写方式截取元素

注意：冒号前面没有数字；就会获取列表第一个元素与结束索引之间（不含结束索引）的所有元素。如果切片包括列表的最后一个元素，那么可以用类似的写法，简写方式就是开始索引和冒号。

【示例 6-10】使用列表切片获取 "list3" 中的后三个元素，代码如下：

```
list3 = ['管理费用','销售费用','财务费用','制造费用']
print(list3[1:])
```

运行代码，结果如图 6-12 所示。

['销售费用', '财务费用', '制造费用']

图 6-12　用列表切片获取列表中后三个元素

在冒号前面添加数字，就可以获取从指定索引值到列表末尾的所有元素。如果中括号里面只有冒号而没有数字，那么就可以获取整个列表。

6.2.3　列表修改

使用索引可以获取列表元素，还可以修改列表中的某个元素。

【示例 6-11】创建一个列表 "list4"，元素依次为 '库存现金'，'银行存款'，'应收账款'，'交易性金融资产'，'存货'。将 '应收账款' 修改为 '应收票据'，代码如下：

```
list4 = ['库存现金','银行存款','应收账款','交易性金融资产','存货']
list4 [2] = '应收票据'
print(list4)
```

运行代码，结果如图 6-13 所示。

['库存现金', '银行存款', '应收票据', '交易性金融资产', '存货']

图 6-13　修改 '应收账款' 为 '应收票据'

示例中，索引值为 2 的对应元素由 "应收账款" 修改成了 "应收票据"。

我们可以通过索引对单个元素进行修改，同样的，我们也可以通过切片索引对多个元素进行修改。

【示例 6-12】通过切片索引对 "list4" 中的多个元素进行修改。

```
list4 = ['库存现金','银行存款','应收账款','交易性金融资产','存货']
list4[2:4] = ['应收票据','短期投资']
print(list4)
```

运行代码，结果如图 6-14 所示。

['库存现金', '银行存款', '应收票据', '短期投资', '存货']

图 6-14　通过切片索引对 "list4" 中的多个元素进行修改

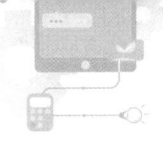

6.2.4 从列表中删除元素

列表中的元素可以进行修改，也可以进行删除，可删除列表中元素的函数有：remove( ) 函数、del 语句和 pop( ) 函数。

1. 用 remove( ) 函数删除元素

当明确知道列表中存在某个元素并且要将其删除时，可以使用 remove( ) 函数。

【示例 6-13】使用 remove( ) 函数删除列表中的某个元素。创建一个列表 "list5"，元素为'资产负债表'，'利润表'，'产品成本表'，'现金流量表'。将其中的'产品成本表'删除，代码如下：

```
list5 = ['资产负债表', '利润表', '产品成本表', '现金流量表']
list5.remove('产品成本表')
print(list5)
```

运行代码，结果如图 6-15 所示。

```
['资产负债表', '利润表', '现金流量表']
```

图 6-15 用 remove( ) 函数删除列表元素

使用 remove( ) 函数时，不需要知道所要删除的元素在列表中的具体位置，只需确定列表中存在该元素即可。如果列表中没有该元素，运行结果会报错。

2. 用 del 语句删除元素

键盘上的 del 键是删除的意思，列表的删除同样可以用 del 语句进行操作，del 语句是利用索引从列表中删除元素。

【示例 6-14】用 del 语句删除 "list5" 中的某个元素，代码如下：

```
list5 = ['资产负债表', '利润表', '产品成本表', '现金流量表']
del list5 [2]
print(list5)
```

运行代码，结果如图 6-16 所示。

```
['资产负债表', '利润表', '现金流量表']
```

图 6-16 用 del 删除 "list5" 中的某个元素

【示例 6-14】删除了第三个元素（索引值为 2），即'产品成本表'元素。

3. 用 pop( ) 函数删除元素

pop( ) 函数可以删除列表中指定索引位置的元素，并返回该元素的值。

91

【示例 6-15】用 pop( ) 函数删除"list5"的元素。

```
list5 = ['资产负债表 ','利润表 ','产品成本表 ','现金流量表 ']
item = list5.pop( )
print(list5)
print(item)
```

运行代码，结果如图 6-17 所示。

```
['资产负债表 ',　'利润表 ',　'产品成本表 ']
现金流量表
```

图 6-17　用 pop( ) 删除"list5"的元素

【示例 6-15】运用 pop( ) 函数删除了列表的最后一个元素，同时将要删除的这个元素赋值给了变量 item，就获取到了要删除的元素。当 pop( ) 函数的括号中没有输入任何参数时，它会默认返回最后一个元素，同时从列表中删除这个元素；如果 pop( ) 函数的括号中输入一个数字，它就会返回这个索引位置上的元素，同时从列表中删除该元素。

【示例 6-16】在"list5"中，在 pop( ) 函数的括号中输入一个数字，代码如下：

```
list5 = ['资产负债表 ','利润表 ','产品成本表 ','现金流量表 ']
item = list5.pop(2)
print(list5)
print(item)
```

运行代码，结果如图 6-18 所示。

```
['资产负债表 ',　'利润表 ',　'现金流量表 ']
产品成本表
```

图 6-18　【示例 6-16】运行结果

6.2.5　列表排序

列表是一种有序集合，列表中的元素按某种顺序排列，每个元素都有明确的位置，即它的索引值。不过这个顺序有时并不是我们真正想要的顺序，此时可以在使用列表前先对它进行排序。我们使用 sort( ) 函数对列表进行排序。

【示例 6-17】使用 sort( ) 函数对列表进行排序。创建一个列表"income"，元素为'7500'、'5500'、'5000'、'6500'，并将其排序。代码如下：

```
income = ['7500', '5500', '5000', '6500']
income.sort( )
print(income)
```

运行代码，结果如图6-19所示。

```
['5000', '5500', '6500', '7500']
```

图6-19　使用sort()函数对列表进行排序

上例中，列表income中的数字是乱序的，使用sort()函数后，列表中数字从小到大排列。说明sort()函数默认是升序排列。

如果列表中的元素是字符串，那么sort()函数会自动按照字母表中的顺序排列元素；如果元素是数字，sort()函数就会按照从小到大的顺序排列元素。如果我们想让列表从大到小排列，就需要给sort()函数输入一个参数，让它降序排列列表中元素。

【示例6-18】使用sort()函数降序排列"income"，代码如下：

```
income = ['7500', '5500', '5000', '6500']
income.sort(reverse = True)
print(income)
```

运行代码，结果如图6-20所示。

```
['7500', '6500', '5500', '5000']
```

图6-20　使用sort()函数降序排列"income"

在sort()中输入一个参数reverse，reverse为True时，代表降序排列，reverse为False时，代表升序排列。

6.2.6　其他内置函数

前面内容详细介绍了列表的各种操作函数，除此之外，列表的其他常用内置函数如表6-1所示。

表6-1　列表的常用内置函数表

函数	描述
len(list)	列表元素个数
max(list)	获取列表中最大值
min(list)	获取列表中最小值
list.count(obj)	统计某个元素在列表中出现的次数
list.index(obj)	从列表中找出某个值第一个匹配项的索引位置
list.reverse()	反转列表
list.clear()	清空列表
list.copy()	复制列表

【示例 6-19】部分列表常用内置函数使用示例。

```
li1 = [" 管理费用 "," 制造费用 "," 销售费用 "," 财务费用 "]
li1.remove(" 管理费用 ")
print(" 列表长度是： ", len(li1))


li2 = [1, 2, 5, 8]
print(" 列表最大值是： ", max(li2))
print(" 列表最小值是： ", min(li2))


li3 = ["a", "b", "c", "d"]
li3.sort( )
print(" 列表的正序 ( 升序 ) 排序结果： ", li3)


li4 = ["a", "b", "c", "d"]
li4.sort(reverse = True)
print(" 列表的倒序 ( 降序 ) 排列结果： ", li4)
```

运行代码，结果如图 6-21 所示。

```
列表长度是：    3
列表最大值是：  8
列表最小值是：  1
列表的正序（升序）排序结果：   ['a', 'b', 'c', 'd']
列表的倒序（降序）排列结果：   ['d', 'c', 'b', 'a']
```

图 6-21 部分列表常用内置函数输入

6.3 财务中常用的列表操作

通过前两节的学习，我们已经知晓了列表的相关知识，本节将通过示例展示财务工作中常用的列表操作，希望大家能亲自输入完整的代码进行练习。

【示例 6-20】财务中常用的列表操作。创建一个列表"li"，元素为"货币资金""应收账款""其他应收款""存货""预收款项"，并完成下列要求：

查找索引值为 3 的元素；

使用切片访问从索引值为 1 到最后的元素；

使用切片访问从开头到索引值为 3 的元素；

使用切片访问元素［"应收账款"，"其他应收款"］；

删除元素"预收账款"；

在列表末尾添加元素"预付账款"；

修改元素"其他应收款"为"应收票据"。

代码如下：

```
li = [" 货币资金 "," 应收账款 "," 其他应收款 "," 存货 "," 预收款项 "]
print(li[3])                    # 查找索引值为 3 的元素
print(li[1:])                   # 使用切片访问从索引值为 1 到最后的元素
print(li[0:4])                  # 使用切片访问从开头到索引值为 3 的元素
print(li[1:3])                  # 使用切片访问元素 [" 应收账款 "," 其他应收款 "]
li.remove(" 预收款项 ")          # 删除元素 " 预收款项 "
print(li)
li.append(" 预付账款 ")          # 在列表末尾添加元素 " 预付账款 "
print(li)
li[2] = " 应收票据 "             # 修改元素 " 其他应收款 " 为 " 应收票据 "
print(li)
```

运行代码，结果如图 6-22 所示。

```
存货
[' 应收账款 ', ' 其他应收款 ', ' 存货 ', ' 预收款项 ']
[' 货币资金 ', ' 应收账款 ', ' 其他应收款 ', ' 存货 ']
[' 应收账款 ', ' 其他应收款 ']
[' 货币资金 ', ' 应收账款 ', ' 其他应收款 ', ' 存货 ']
[' 货币资金 ', ' 应收账款 ', ' 其他应收款 ', ' 存货 ', ' 预付账款 ']
[' 货币资金 ', ' 应收账款 ', ' 应收票据 ', ' 存货 ', ' 预付账款 ']
```

图 6-22　财务中常用的列表操作

🔧 知行合一

在望城的一条山间小道上，一颗小小的螺丝钉同时映入了张书记和雷锋的眼帘。小雷锋蹦蹦跳跳，一脚踢飞了螺丝钉。张书记却上前几步，弯腰捡起来，把螺丝钉上的灰擦干净，郑重地交给雷锋说："留着，会有用处的。"就这样，在一弯腰，一句话之间，一个老共产党员的言行竟然影响了一个年轻人的一生。

后来在雷锋写的日记中，螺丝钉总是被雷锋反复提起，虽然是细小的螺丝钉，然而如果缺了它，那整个机器就无法运转，莫说是缺了它，即使是一枚小螺丝钉没拧紧，一个小齿轮略有破损，也会使机器的运转发生故障。相反的，再好的螺丝钉，再精密的齿轮，它若离开了机器这个整体，也不免要当作废料，扔到废铁料仓库里去的。这最终形成了雷锋独特的"螺丝钉精神"。

思考：列表是数据类型中的一环，也是整个 Python 课程中的一环，更是整个 Python 思维中必不可少的一环。列表就好比那颗"会有用处的螺丝钉"，列表中的每个元素也是这颗"会有用处的螺丝钉"，通过学习本章内容更好地体会 Python 数据类型的奥妙，建立起"列表思维"，善于化繁为简，更有逻辑地解决问题。

我们也更要做那颗"会有用的螺丝钉"，自觉地把个人发展融入集体、社会之中去，像列表中的元素一样，服从整体，服从组织，忠于职守，兢兢业业，干一行爱一行。

总　结 ▶▶▶

本章主要介绍列表（list），Python 中的列表属于有序序列。列表支持修改自身数据，包括添加数据、删除数据、清空数据等操作。列表内置排序和反转函数，用于反转列表自身，也可以使用 Python 内置的排序函数和反转函数生成并操作新的列表。列表也支持通过 Python 内置函数获取其长度、最大（小）值等。

同学们可能也会发现，列表里有的方法和字符串里的很类似。其实，通俗地讲，字符串就是被打散了的列表。

课后练习 ▶▶▶

一、填空题

1. Python 中的列表属于_____序列。
2. 列表支持修改的操作方式有_____。
3. 获取列表长度的内置函数是_____。
4. 获取列表最大、最小值的内置函数是_____、_____。
5. 删除列表中的数值，使用的内置函数是_____。

二、实战题

1. 定义一个字符串变量，并给该变量赋值为 12131456，从索引值为 3 的地方开始切片，切到索引值 4，用一个变量接收并输出结果。
2. 跟同伴合作做出一个有关财务的列表，并求出其长度。

第 6 章
交互式自测

第 7 章

财务数据存储——字典

 学习目标 >>>

知识目标
1. 掌握 Python 字典的定义和用法。
2. 掌握字典内置函数的具体使用方法。

技能目标
1. 能够创建字典、修改字典。
2. 能够使用字典的内置函数。

素养目标
1. 通过层层递进的知识架构，引导学生由浅入深学习知识。
2. 通过财务字典案例的学习，培养学生的职业操守和职业道德。

逻辑维度目标
1. 通过 Python 的数据存储深化财务和 Python 内容的结合。
2. 通过 Python 的数据存储建立计算机思维。

 思维导图 >>>

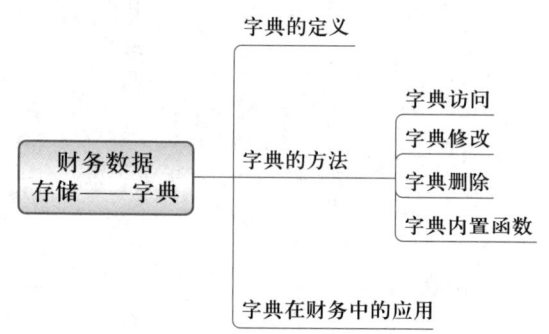

7.1　字典的定义

　　现实生活中字典是一种工具书，字典书中有次序、索引，我们可以按需去查找内容。Python 中的字典（dict）是一种可变容器模型，可以储存任何类型的对象。字典中的每个键值对都由冒号"："分隔，包含在大括号"{}"中，格式如下：

d = {'key1': 'value1', 'key2': 'value2'}

　　上述代码构造字典并赋值给变量 d，字典包含键值对 'key1': 'value1' 和 'key2': 'value2'，字典的键包含 'key1' 和 'key2'，字典的值包含 'value1' 和 'value2'。

　　【示例 7-1】尝试使用字典，代码如下：

d={'1001':' 库存现金 ','1002':' 银行存款 ','1122':' 应收账款 ','1123':' 预付账款 '}
print(d)

　　运行代码，结果如图 7-1 所示。

{'1001': '库存现金', '1002': '银行存款', '1122': '应收账款', '1123': '预付账款'}

图 7-1　示例 7-1 运行结果

　　由【示例 7-1】可以发现，字典和列表的最大区别是字典中的每一个元素都是成对出现的。

7.2　字典的方法

　　前面我们学习过字符串和列表的方法，下面我们来学习字典访问、修改、删除及内置函数的用法。

7.2.1　字典访问

　　现实中我们查字典有多种方式，包括音序查字法、部首查字法和笔画查字法。Python 中字典的访问方法也有多种，常见的是通过方括号访问和利用 get 语句访问。两种方法都可以利用键查询对应的值。

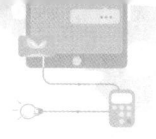

【示例 7-2】字典的运用，代码如下：

```
a = {'2018 年 ': 15000, '2019 年 ': 20000, '2020 年 ': 21000, '2021 年 ': 24000}
print(a['2020 年 '])
print(a.get('2019 年 '))
```

运行代码，结果如图 7-2 所示。

```
21000
20000
```

图 7-2　示例 7-2 运行结果

7.2.2　字典修改

字典的修改方法有多种，常见的是通过中括号添加元素和利用 setdefault 方法添加元素。两种方法都可以通过键添加键值对。

setdefault 方法是为了避免初学者定义字典出错而设定的。因为初学者在设定字典的时候往往只记得值，而容易忘记键。所以 setdefault 方法的工作原理是：如果字典中存在键，则返回值；如果字典中不存在这个键，则在字典中添加指定的键值对并返回值。

【示例 7-3】字典的修改，代码如下：

```
d = {'1001': ' 库存现金 ', '1002': ' 银行存款 ', '1122': ' 应收账款 ', '1123': ' 预付账款 '}
d['1231'] = ' 其他应收款 '
d.setdefault('1403', ' 原材料 ')
print(d)
```

运行代码，结果如图 7-3 所示。

```
{'1001': '库存现金', '1002': '银行存款', '1122': '应收账款', '1123': '预付账款', '1231': '其他应收款', '1403': '原材料'}
```

图 7-3　示例 7-3 运行结果

7.2.3　字典删除

字典的删除有多种方法，常见的是 pop( ) 函数、del 语句、clear( ) 函数。

1. pop( ) 函数

pop() 函数通过指定键删除字典元素，并返回该元素的值。

【示例 7-4】删除键值对，代码如下：

```
d = {'1001': ' 库存现金 ', '1002': ' 银行存款 ', '1122': ' 应收账款 ', '1123': ' 预付账款 '}
d.pop('1001')
print(d)
```

运行代码，结果如图 7-4 所示。

```
{'1002': '银行存款', '1122': '应收账款', '1123': '预付账款'}
```
图 7-4　示例 7-4 运行结果

需要注意的是，如果使用 pop( ) 函数删除不存在的键值，系统会报错。

【示例 7-5】使用 pop( ) 函数删除不存在的键值，代码如下：

```
d = {'1001': ' 库存现金 ', '1002': ' 银行存款 ', '1122': ' 应收账款 '}
d.pop('1003')
print(d)
```

运行代码，结果如图 7-5 所示。

```
Traceback (most recent call last):
  File "D:/pycharm/第七章.py", line 23, in <module>
    d.pop('1003')
KeyError: '1003'
```
图 7-5　示例 7-5 运行结果

2. del 语句

使用 del 语句也可以删除键值对。

【示例 7-6】使用 del 语句删除键值对，代码如下：

```
d = {'1001': ' 库存现金 ', '1002': ' 银行存款 ', '1122':' 应收账款 ', '1123':' 预付账款 '}
del d['1001']
print(d)
```

运行代码，结果如图 7-6 所示。

```
{'1002': '银行存款', '1122': '应收账款', '1123': '预付账款'}
```
图 7-6　示例 7-6 运行结果

和 pop( ) 函数一样，字典中没有该键时会报错如图 7-7 所示。

```
Traceback (most recent call last):
  File "D:/pycharm/第七章.py", line 28, in <module>
    del d['1003']
KeyError: '1003'
```
图 7-7　字典中没有该键时会报错

101

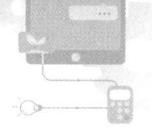

3. clear( ) 函数

clear 单词有清空的意思，顾名思义，使用字典内置的 clear( ) 函数可以清空字典，即删除字典中所有的元素。

【示例 7-7】用 clear( ) 函数清空字典，代码如下：

```
d = {'1001': ' 库存现金 ', '1002': ' 应收账款 ', '1123': ' 预付账款 '}
d.clear( )
print(d)
```

运行代码，结果如图 7-8 所示。

{}

图 7-8　示例 7-7 运行结果

7.2.4　字典内置函数

字典常用内置函数，如表 7-1 所示。

表 7-1　字典常用内置函数

函数	含义
len(dict)	计算字典元素个数
dict.copy( )	复制字典
dict1.update(dict2)	把字典 dict2 的键 / 值对更新到 dict1 里
popitem( )	删除字典中的最后一对键和值
max( )	获取键的最大值
min( )	获取键的最小值
dict.keys( )	返回字典中所有元素的键
dict.values( )	返回字典中所有元素的值

【示例 7-8】使用字典内置函数，代码如下：

```
d={'1001': ' 库存现金 ', '1002': ' 银行存款 ', '1122': ' 应收账款 ', '1123': ' 预付账款 '}
d2={'1231': ' 其他应收款 ', '1403': ' 原材料 '}
d.update(d2)
print(len(d))
print(max(d))
print(min(d))
print(d.copy( ))
print(d)
```

运行代码，结果如图 7-9 所示。

```
6
1403
1001
{'1001': '库存现金', '1002': '银行存款', '1122': '应收账款', '1123': '预付账款', '1231': '其他应收款', '1403': '原材料'}
{'1001': '库存现金', '1002': '银行存款', '1122': '应收账款', '1123': '预付账款', '1231': '其他应收款', '1403': '原材料'}
```

图 7-9　示例 7-8 运行结果

注意：Python 中很多内置函数都是通用的，无须单独去记忆，理解函数英文原意即可明白这个语句的意思，所以 Python 语句非常便于大家使用。

🔧 知行合一

有这样一个小故事：在一场拍卖会上，一把将要拍卖的小提琴的价值大约为 100 元，一个小提琴手走上讲台，当场用小提琴演奏一曲，就有人出价 6 000元。拍卖师讲述了这把小提琴原来的主人发奋练琴的励志故事，于是，又有人出价 10 000 元。小提琴的主人上台表示拍卖所得最终将捐献给当地音乐学院，以激励为音乐奋力拼搏的贫寒学子，这把小提琴最终以 10 万元的价格成交！

很明显，小提琴手、拍卖师和小提琴的主人的通力合作，各自发挥自身的优势和能力，让小提琴的价格提高了 1 000 倍。在这个团队合作中，三人都没有因为彼此的光环而削弱了对方的表现，相反，由于成功的合作，三人的能力都得到了极致的发挥，个人的价值也在合作中得到淋漓尽致的展现。

思考：我们知道雁群在迁徙过程中会互相支援、鼓励，防止任何一只雁脱队。雁群的这一特点，很合乎团队的合作精神。同样，一个组织、一个单位的每一位成员亦应如此才能提高整体效率。古人云：人心齐，泰山移。团队的核心是共同奉献，是集体的智慧，团队的精神。因此，如同 Python 中的字典一样，每一个字典都有其所对应的键值，我们在工作中，要树立全局观念，大力弘扬团队精神，各司其职，充分发挥自身的优势，在团队成员的精诚合作中实现个人价值。

7.3 字典在财务中的应用

通过前两节的学习，我们已经知晓了字典的相关知识，本节将通过示例展示一下具体的字典操作。

【示例7-9】具体的字典操作，代码如下：

```
d = {' 营业收入 ': 6000000, ' 营业成本 ': 4000000, ' 税金及附加 ': 100000}
# 访问键值对
print(' 键 " 营业收入 " 对应的值是 : %s'%(d[' 营业收入 ']))
# 添加值对
d[' 销售费用 '] = 100000
print(' 添加 " 销售费用 ": 100000 后的字典：%s'%(d))
d_2 = {' 管理费用 ': 550000, ' 研发费用 ': 120000}
# 合并字典
print('d_2 的值 : %s'%(d_2))
d.update(d_2)
print(' 合并后的字典 :%s'%(d))
d[' 研发费用 '] = 150000
print('" 研发费用 " 对应的值修改为 150000, 修改后的字典 :%s'%(d))
# 获取值的最大 ( 小 ) 值
print(' 字典值的最大值 :%s, 字典值的最小值 :%s, 字典的长度 :%s'%(max(d.values( )),
min(d.values( )), len(d.values( ))))
```

运行代码，结果如图 7-10 所示。

```
键 "营业收入" 对应的值是: 6000000
添加 "销售费用": 100000 后的字典:{'营业收入': 6000000, '营业成本': 4000000, '营业税金及附加': 100000, '销售费用': 100000}
d_2的值:{'管理费用': 550000, '研发费用': 120000}
合并后的字典:{'营业收入': 6000000, '营业成本': 4000000, '营业税金及附加': 100000, '销售费用': 100000, '管理费用': 550000, '研发费用': 120000}
"研发费用"对应的值修改为150000, 修改后的字典:{'营业收入': 6000000, '营业成本': 4000000, '营业税金及附加': 100000, '销售费用': 100000, '管理费用': 550000, '研发费用': 150000}
字典值的最大值: 6000000, 字典值的最小值: 100000, 字典的长度: 6
```

图 7-10　示例 7-9 运行结果

总　结 ▶▶▶

本章学习的字典（dict）是 Python 中的复杂数据类型。字典使用大括号包围的键值对表示，其键不可重复。字典支持通过键访问键值对、修改键值对、添加键值对、删除键值对；还可以获取其长度、最大（小）值等。

课后练习 ▶▶▶

一、填空题

阅读下面程序并完成填空。

dic = { 'Python': 95, 'java': 99, 'c': 100 }

1. 字典的长度是_____？

2. 修改 'java' 键对应的值为 98，代码是：_____。

3. 删除 c 键的代码是：_____。

4. 增加一个键值对，键为 php，值为 90，代码是：_____。

5. 获取所有的键，并存储在列表里，代码是：_____。

6. 获取所有的 value 值，并存储在列表里，代码是：_____。

7. 获取字典中最大的值，代码是：_____。

8. 获取字典中最小的值，代码是：_____。

二、实战题

1. 创建一个财务数据报表中会使用到的字典并编程运行出来。

2. 尝试修改和删除这个字典的数值，运行出来并和原字典作比较。

3. 已知有 A、B、C、D、E 5 家公司的年收入预算数分别为 10 000 元、12 000 元、13 000 元、15 000 元、20 000 元；每个季度的分摊系数依次为 0.3、0.2、0.1、0.4。

要求：根据收入的季度分摊系数，计算每个季度的收入预算金额。

第 8 章

财务中简单的判断

8

学习目标 ▶▶▶

知识目标

1. 掌握计算机的基本选择方式——判断的定义。
2. 掌握判断在 Python 和财务中的具体应用。

技能目标

1. 能够熟练掌握 Python 中简单条件控制语句的结构。
2. 能够熟练掌握 Python 中简单条件控制语句的执行过程。
3. 能够通过条件控制语句解决简单的财务问题。

素养目标

1. 通过判断的学习，提升自身在学习和生活中选择、判断的能力。
2. 通过财务中判断的学习，培养在财务决策中的规则思维。

逻辑维度目标

1. 理解什么是判断及判断执行的逻辑。
2. 通过理解条件控制语句的逻辑掌握计算机思维。

思维导图 ▶▶▶

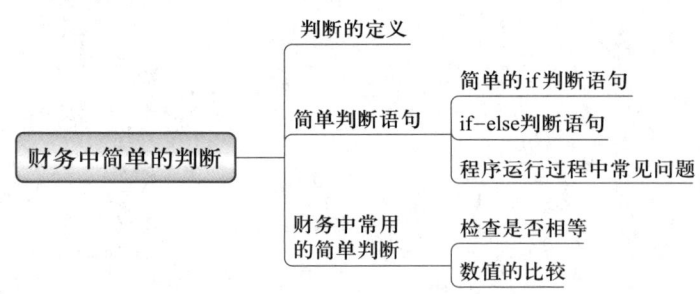

微课：财务中场出的判断

生活中我们经常要进行各种判断，对不同的条件做出判断，就会对应不同条件产生不同的结果。比如过十字路口时，如果交通信号灯是绿灯，可以前行，如果不是绿灯，需要等待。还有诸如过安检时，工作人员对随身行李的检查，判断是否携带有违禁品，以及对身份证件的检查，判断车票信息与乘客信息是否相符等。这些都可以看作是条件判断。那么，在 Python 中是否存在条件判断？它又是如何实现的呢？

8.1 判断的定义

在日常生活中，"判断"的功能也是经常要用到的，比如登录手机银行时，如果连续几次输入错误密码，账户将被系统自动锁定，一段时间以后才会自动解锁。这个过程就是后台程序根据输入的密码做出的判断，具体流程如图 8-1 所示。

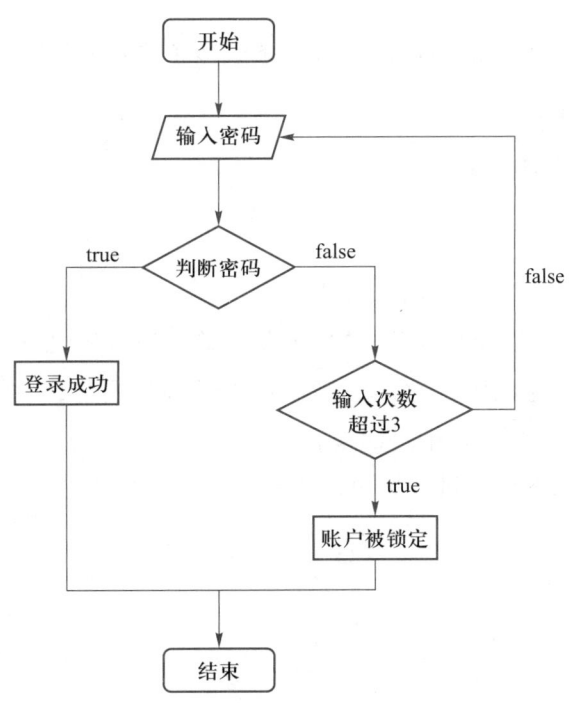

图 8-1　判断输入的密码是否正确

图 8-1 所示的流程图用到了判断框，判断框用于对给定的条件做出判断，如果判断结果为 true，则执行"登录成功"语句，如果判断结果为 false，再判断错误次数是否超过限额，如果超过为 true，则执行"账户被锁定"语句。类似这样的判断

情况，应用非常广泛，需要对条件进行判断，并根据判断结果，进入不同的分支程序。

？ 术语箱

（1）程序中的条件控制语句，也可以称为判断语句，通过一条或多条的执行结果来决定接下来要执行的代码块。

（2）在 Python 中，条件判断功能主要是通过 if 语句来实现的。if 语句用来判定所给定的条件是否满足，并根据判定的结果（真或假）决定执行给出的两种操作之一。条件判断中，if 语句有且只有一个。

8.2 简单判断语句

Python 中的条件控制语句可以通过一条或多条语句的执行结果（true 或 false）来决定是否执行某代码块。

8.2.1　简单的 if 判断语句

if 条件：

　　　　< 条件成立，执行的代码块 >

注意：if 判断语句以及缩进部分的代码是一个完整的代码块。

if 和条件之间一定要有空格，条件后面一定要加上冒号，后面的 "< 条件成立，执行的代码块 >" 一定要往里缩进四格。

简单 if 判断语句的执行过程如图 8-2 所示。

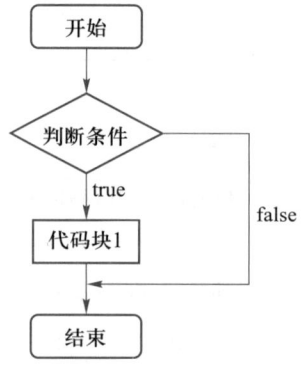

图 8-2　简单 if 判断语句的执行过程

由图 8-2 可以看出，运行开始后，程序首先要对条件进行判断，根据不同的判断结果做出不同的选择。如果结果为 true，则执行下面的代码块 1，反之，则结束运行。

【示例 8-1】根据现金管理制度，企业每日留存的库存现金是有限额的。如果库存现金超过限额，需要把超出限额部分于当日终了前交存开户银行。假设某企业的库存现金限额是 5 000 元：

if 出纳盘点的当日库存现金总额大于 5 000 元：

　　库存现金超出限额，请及时交存开户行

出纳当日盘点的库存现金总额为 6 000 元，判断库存现金是否超限额，代码如下：

```
# 某企业现金管理制度规定每天的库存现金限额不超过 5000 元，出纳当日盘点的
库存现金总额为 6000 元
# 判断当日库存现金是否超出限额
cash_limit = 5000.00                    # 库存现金限额
cash_amount = 6000.00                   # 实际库存现金金额
if cash_amount > cash_limit:            # 如果实际库存现金金额大于库存现金限额
    print(" 库存现金超出限额，请及时交存开户行 ")
```

第一步：把库存现金限额 5 000.00 赋值给变量 cash_limit（库存现金限额），把当日实际的库存现金总额 6 000.00 赋值给变量 cash_amount（实际库存现金金额）。

第二步：用 if 语句判断 cash_amount 是否大于 cash_limit，该示例中判断结果为 true。

第三步：执行 if 后面的代码，即用 print( ) 函数格式化输出字符串"库存现金超出限额，请及时交存开户行"。

运行代码，结果如图 8-3 所示。

库存现金超出限额，请及时交存开户行

图 8-3 【示例 8-1】运行结果

【示例 8-1】流程图如图 8-4 所示。

如果 if 语句判断的结果为 false，则需再判断是否超出限额，如果判断结果为 true，则输出"库存现金超出限额"。

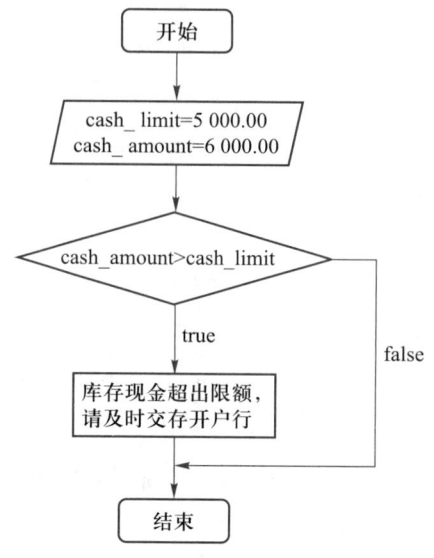

图 8-4　【示例 8-1】流程图

我们可以用 Raptor 工具来把这个示例具体运行一下，以便我们更好地理解判断流程。

Raptor 窗口分为菜单栏、流程图组件区、变量显示区和工作区，如图 8-5 所示。

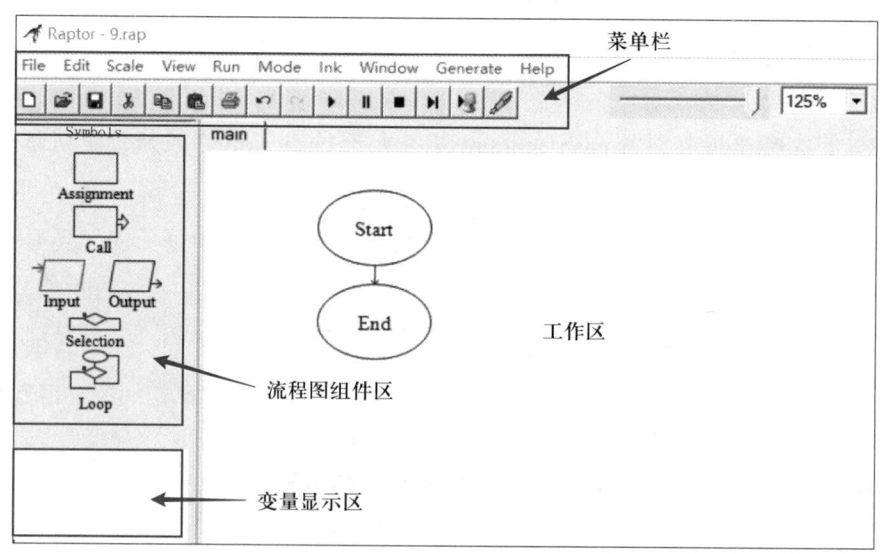

图 8-5　Raptor 窗口功能区

我们依次把左边的 Assignment、Selection 和 Output 组件拖到右边的工作区，然后逐一双击拖入的组件设定内容，即可以完成［示例 8-1］的流程任务。

【示例 8-1】的 Raptor 程序展示如图 8-6 所示。

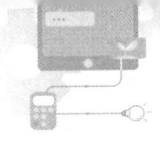

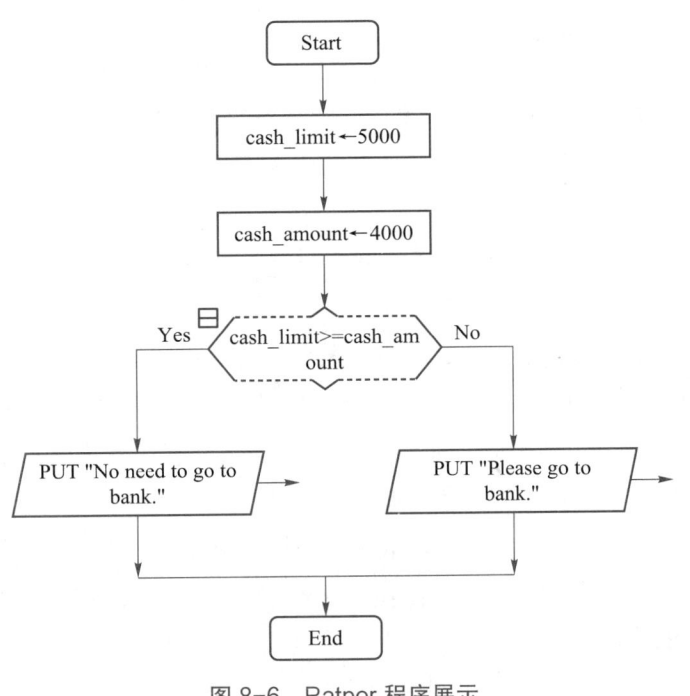

图 8-6 Ratpor 程序展示

单击菜单栏的"三角符号"按钮，就会看到绿色框线会逐个在节点上闪现。运行结果如图 8-7 所示。

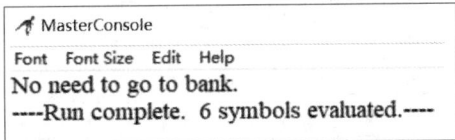

图 8-7 运行结果

可以看出本次公司余额 4 000 元没有超过 5 000 元的限额，不用去银行存款。

综上所述，我们可以使用可视化编程辅助工具 Raptor，帮助我们理解和构建程序的基本结构。通过使用 Raptor 工具，用户可以清晰地搭建程序的流程框架，直观地呈现程序的逻辑顺序。此外，该工具还具备检验程序运行结果正确性的功能，确保程序的准确性和可靠性。在从程序流程图向具体程序代码转化的过程中，Raptor 工具可以作为一种过渡工具，帮助用户逐步实现从抽象逻辑到具体代码的转换。同时，它也是财务人员与 IT 部门人员之间沟通交流的重要媒介，能够促进双方在项目开发过程中更好地理解彼此的需求和逻辑，提高协作效率。

8.2.2　if-else 判断语句

微课: if-else
判断语句

Python 中提供了与 if 搭配使用的 else 语句，else 表示否则。是在没有通过 if 判断的时候，执行的另一个操作。if-else 判断语句的语法结构如下：

　　if 条件：

　　　　< 条件成立（true），执行的代码块 >

　　else：

　　　　< 条件不成立（false），执行的代码块 >

从上面的语法结构可以看出，else 语句后面没有条件。

在 if-else 判断语句结构中，如果只对 if 语句条件表达式为真的情况进行处理，else 语句可以省略，也就变成了简单 if 判断语句。

注意：if 和 else 语句以及各自的缩进部分共同构成一个完整的代码块。

else 后面一定要加冒号，else 后面的 "< 条件不成立（false），执行的代码块 >" 一定要往里缩进四格。

if-else 判断语句的执行过程如图 8-8 所示。

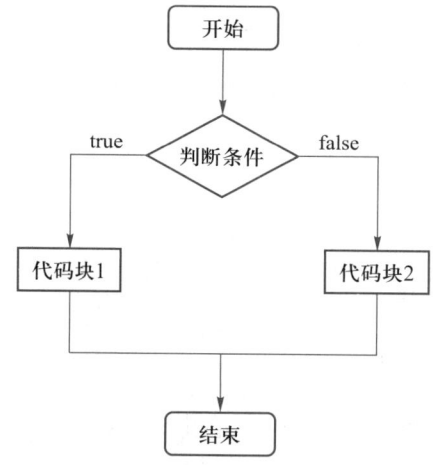

图 8-8　if-else 判断语句的执行过程

由图 8-8 可以看出，运行开始后，程序首先要对条件进行判断，根据不同的判断结果会选择不同的分支执行后面的代码块。如果判断条件为 true，则执行代码块 1，反之，则执行代码块 2。

【示例 8-2】假设某企业的库存现金限额是 5 000 元，出纳当日盘点的现金总额为 6 000 元。盘点的现金总额超额 1 000 元，代码如下：

某企业现金管理制度规定每天的库存现金限额不超过 5000 元，出纳当日盘点的现金总额为 6000 元

```
#判断当日库存现金是否超出限额
cash_limit = 5000.00                    #库存现金限额
cash_amount = 6000.00                   #实际库存现金金额
if cash_amount < = cash_limit:          #比较库存现金限额和实际库存现金金额
    print(" 库存现金未超出限额 ")
else:
    exceeded = cash_amount-cash_limit   #计算超出限额的金额
    print(" 将超出限额的金额 %.2f 交存开户行 "%exceeded)
```

上面的示例仍然是对企业库存现金实有数是否超出限额做出的判断。具体执行过程如下：

第一步：把库存现金限额 5 000.00 赋值给变量 cash_limit（库存现金限额），把当日实际的库存现金总额 6 000.00 赋值给变量 cash_amount（实际库存现金金额）。

第二步：用 if 语句判断 cash_amount 是否小于等于 cash_limit，该示例中判断结果为 false。

第三步：因为第二步的判断结果为 false，所以程序直接跳过 if 语句后面的代码，继续执行 else 语句后面的代码。

第四步：计算库存现金超出限额的金额并赋值给变量 exceeded（超出限额的金额）。

第五步：用 print( ) 函数格式化输出字符串"将超出限额的金额 1 000.00 元交存开户行"。

运行代码，结果如图 8-9 所示。

> 将超出限额的金额1000.00元交存开户行

图 8-9 【示例 8-2】运行结果

如果上面示例中，if 语句判断的结果为 true，则程序直接执行 if 语句后面的代码，即格式化输出字符串"库存现金未超出限额"，也不会再执行 else 语句后面的代码。

8.2.3　程序运行过程中常见问题

（1）if 语句或 else 语句后面没有冒号（ : ），如图 8-10 所示。

图 8-10 右边的示例代码中，if 语句后面没有加上冒号，所以单击运行提示报错。另外还要注意一定是英文状态下的冒号。

（2）if 语句或 else 语句与后面的条件语句之间没有加空格，如图 8-11 所示。

图 8-11 右边的示例代码中，if 语句与后面的判断条件之间没有加空格，所以单击运行提示报错。

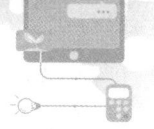

图 8-10　if 语句后没有冒号，运行报错

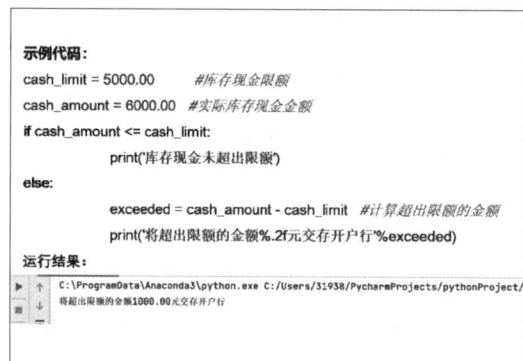
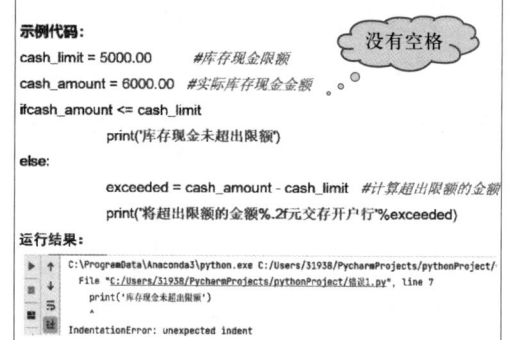

图 8-11　条件语句之间没有加空格，运行报错

（3）if 或 else 语句后面的代码没有缩进，如图 8-12 所示。

图 8-12 右边的示例代码中，if 判断条件语句后面的代码即 print(' 库存现金未超出限额 ') 没有缩进，所以单击运行提示报错。

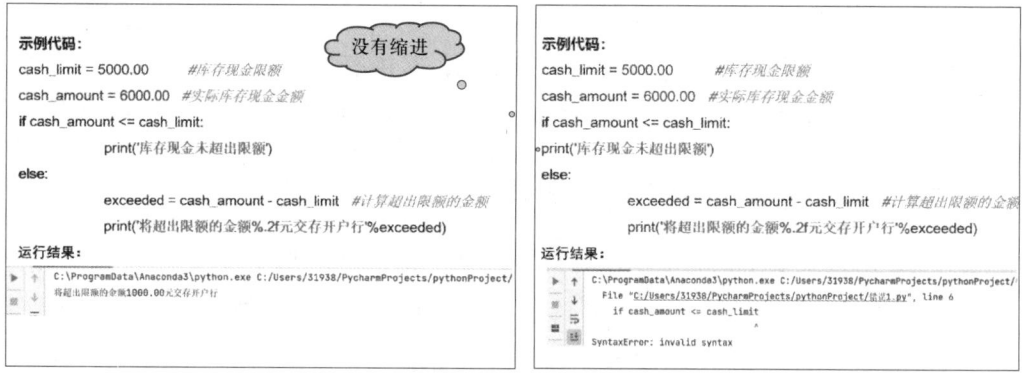

图 8-12　代码没有缩进，运行报错

财务中常用的简单判断

每条 if 语句的核心都是一个值为 true 或 false 的表达式，这种表达式可以称为条件测试。Python 根据条件测试的值为 true 还是 false 来决定是否执行 if 语句中的代码。如果条件测试的值为 true，Python 就会执行紧跟在 if 语句后面的代码；如果为 false，Python 就忽略这些代码。那么，在财务工作中，有哪些常用的条件测试可以通过 if 判断语句来实现呢？

8.3.1 检查是否相等

1. 检查记账凭证借方和贷方金额的合计数是否相等

财务核算采用的记账方法是借贷记账法，遵循"有借必有贷，借贷必相等"的记账规则。当企业发生经济业务时，财务人员要根据相关原始凭证填制记账凭证，如果填制的记账凭证存在记入相关账户借方的合计数与记入贷方的合计数不相等的情况，说明这张记账凭证肯定存在错误，要及时查明原因并进行修改。

【示例 8-3】甲公司为增值税一般纳税人，2025 年 2 月 28 日，该公司购入一台不需要安装即可投入使用的设备，取得的增值税专用发票上注明的价款为 30 000 元，增值税税额为 3 900 元，另支付包装费并取得增值税专用发票，注明包装费 700 元，税率 6%，增值税税额为 42 元，款项均以银行存款支付。如果财务人员填制的记账凭证如图 8-13 所示，单击保存以后系统会提示保存成功。

凭证字 记 ∨ 41 号 日期 2025-02-28	记账凭证 2025年第02期		借方金额	贷方金额	附单据 5 张
摘要	会计科目		亿 千 百 十 万 千 百 十 元 角 分	亿 千 百 十 万 千 百 十 元 角 分	
购入设备	160103 固定资产-生产设备	🔍	3 0 7 0 0 0 0		
	22210101 应交税费-应交增值税-进项税额	🔍	3 9 4 2 0 0		
	1002-银行存款	🔍		3 4 6 4 2 0 0	
		🔍			
合计: 叁万肆仟陆佰肆拾贰元			3 4 6 4 2 0 0	3 4 6 4 2 0 0	

图 8-13 记账凭证保存成功

微课：财务中的判断例子讲解

如果财务人员填制的记账凭证金额有错误，单击保存以后系统会提示借方金额与贷方金额总额不相等，如图 8-14 所示。

图 8-14　借方金额与贷方金额总额不相等

检查记账凭证借贷方是否相等，代码如下：

```python
f_asset = 30000.00          #固定资产金额
taxes = 3942.00             #应交税费——应交增值税（进项税额）
bank = 34642.00             #银行存款
d_amount = f_asset + taxes  #计算记账凭证借方合计数
c_amount = bank             #计算记账凭证贷方合计数
if d_amount = = c_amount:
    print(" 保存成功 ")
else:
    print(" 借方金额与贷方金额总额不相等，请检查您所填写的凭证 ")
```

上面示例代码的执行过程如下：

第一步：把固定资产的金额 30 000.00 赋值给变量 f_asset，把应交税费——应交增值税（进项税额）3 942.00 赋值给变量 taxes，把银行存款金额 34 642.00 赋值给变量 bank。

第二步：分别计算借方和贷方金额的合计数，即将 f_asset 和 taxes 的合计数赋值给变量 d_amount，将 bank 的金额数字赋值给变量 c_amount。

第三步：用 if 语句判断 d_amount（借方金额合计数）是否恒等于 c_amount（贷方金额合计数）。该示例中的判断结果为 false。

这里需要注意，在 Python 中用 if 语句判断两个值是否相等，一定要用恒等于号，即 "= ="，而不能用等号 "="。因为在 Python 中等号表示的意思是给变量赋值，而不是比较两个值是否相等。

118

第四步：因为 if 语句的判断结果为 false，所以程序直接跳过 if 语句后面的代码，继续执行 else 语句后面的代码。

第五步：用 print( ) 函数格式化输出字符串"借方金额与贷方金额总额不相等，请检查您所填写的凭证"。

运行代码，结果如图 8-15 所示。

> 借方金额与贷方金额总额不相等，请检查您所填写的凭证

图 8-15 【示例 8-3】运行结果

如果上面示例中，if 语句判断的结果为 true，则程序直接执行 if 语句后面的代码，即格式化输出字符串"保存成功"，不再执行后面的 else 语句。

2. 检验试算平衡

财务中的试算平衡主要是根据借贷记账法的记账规则与会计等式的平衡关系，通过汇总计算和比较，检查某一会计期间账户记录是否正确、完整。试算平衡的方法包括"账户发生额试算平衡法"和"账户余额试算平衡法"。

在 Python 中可以通过 if-else 判断语句来检验试算平衡。

【示例 8-4】某企业的 2024 年 11 月本期相关账户借贷双方发生额如表 8-1 所示。

表 8-1　本期发生额表

2024 年 11 月 1 日　　　　　　　　　　　　　　　　单位：元

账户名称	本期发生额	
	借方	贷方
库存现金	2 000	
银行存款	80 000	35 000
原材料	20 000	
固定资产	60 000	
短期借款	10 000	25 000
应付票据		20 000
应付账款	28 000	
实收资本		120 000

检验记账凭证试算平衡，代码如下：

```
#检验试算平衡
```

```
list1 = [2000, 80000, 20000, 60000, 10000, 28000]      #创建列表将本期借方发生额
                                                        存在列表 1 中
list2 = [35000, 25000, 20000, 120000]    #创建列表将本期贷方发生额存在列表 2 中
d_amount = sum(list1)                   #将列表 1 所有数字的合计数赋值给变量 d_amount
c_amount = sum(list2)                   #将列表 2 所有数字的合计数赋值给变量 c_amount
if d_amount = = c_amount:               #比较变量 d_amount 和 c_amount 是否相等
    print(" 发生额试算平衡 ")
else:
    print(" 试算不平衡 , 请检查账户记录 ")
```

上面示例的代码执行过程如下：

第一步：创建 list1（列表 1）和 list2（列表 2），分别把本期发生额表中的借方金额数值和贷方金额数值存入 list1 和 list2。注意：列表用英文状态下的方括号 "[]" 表示，里面的元素用英文状态下的逗号隔开。

第二步：用 sum( ) 函数对 list1 中的数值求和赋值给变量 d_amount（借方发生额合计数），对 list2 中的数值求和赋值给变量 c_amount（贷方发生额合计数）。

第三步：用 if 语句判断 d_amount（借方发生额合计数）是否等于 c_amount（贷方发生额合计数）。该示例中的判断结果为 true。

第四步：因为 if 语句的判断结果为 true，所以程序直接执行 if 语句后面的代码，即格式化输出字符串"发生额试算平衡"。到此，整个示例代码执行结束，不再执行后面的 else 语句。

【示例 8-4】运行结果如图 8-16 所示。

发生额试算平衡

图 8-16 【示例 8-4】运行结果

如果上面示例中，if 语句判断的结果为 false，则程序直接跳过 if 语句后面的代码，继续执行 else 语句后面的代码。

🔧 知行合一

在财务工作中，合规性是基本要求，也是财务人员必须坚守的职业道德底线。通过 Python 编写简单的判断语句，如 if-else 语句，来模拟财务合规性检查的过程，这不仅是技术的应用，更是对法律遵守的实践。例如，根据销售预测和成本预算，判断是否需要调整生产计划或营销策略。在这个过程中，财务人员需要坚守诚信原

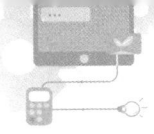

则，确保预算和成本控制的公正性和透明性。当检查一笔交易是否符合税务规定或者一张财务报表是否符合会计准则时，财务人员不仅要熟练掌握相关的计算机技能，还要深刻理解法律法规，确保每一步财务操作都在法律框架内进行。

8.3.2 数值的比较

1. 资产是否减值的判断

会计期末，财务人员需要对应收账款、存货、固定资产、无形资产等进行减值测试，以判断这些资产是否发生减值。比如说在资产负债表日，如果存货成本高于其可变现净值，企业应当按照存货可变现净值低于账面价值的差额计提存货跌价准备。

【示例 8-5】2025 年 3 月 31 日，某企业 A 商品的账面余额（成本）为 100 000元，已计提存货跌价准备 20 000 元。由于市场价格的波动，使得 A 商品的预计可变现净值为 75 000 元。判断 A 商品是否发生减值，如果发生减值，需要计提的存货跌价准备是多少？

计提存货跌价准备的代码如下：

```
balance = 100000.00                  # 存货的账面金额
f_reserves = 20000.00                # 已计提的存货跌价准备
b_value = balance-f_reserves         # 计算存货账面价值
n_value = 75000.00                   # 存货的预计可变现净值
if n_value > = b_value:
    print(" 存货未发生减值 ")
else:
    n_reserves = b_value-n_value     # 计算需要计提的存货跌价准备
    print(" 需要计提存货跌价准备的金额为 %.2f 元 "%n_reserves)
```

【示例 8-5】根据题目要求首先给变量赋值，然后计算出存货的账面价值和可变现净值，接下来用 if-else 判断语句比较存货的账面价值和可变现净值。

如果存货的预计可变现净值大于账面价值，则执行 if 语句后面的代码，输出"存货未发生减值"，程序到此结束，不再执行后面的 else 语句及其后面的代码。

如果 if 语句的判断结果为 false，则跳过 if 语句后面的代码，执行 else 语句及其后面的代码。

【示例 8-5】运行结果如图 8-17 所示。

需要计提存货跌价准备的金额为5000.00元

图 8-17 【示例 8-5】运行结果

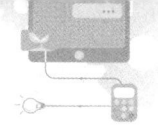

2. 计算职工福利费的扣除标准

某企业 2024 年发生合理的工资薪金支出 1 234 560 元，发生职工福利费 181 521 元，已知在计算企业所得税时，职工福利费支出不超过工资薪金总额的 14% 的部分准予扣除，则该企业在计算 2024 年的企业所得税应纳税所得额时，准予扣除的职工福利费为多少？

【示例 8-6】计算准予税前扣除的职工福利费，代码如下：

```
w_funds = 181521                # 职工福利费实际发生额
t_wages = 1234560               # 工资薪金总额
scale = 0.14                    # 扣除标准
quota = t_wages*scale           # 计算职工福利费扣除限额
if w_funds< = quota:            # 比较职工福利费实际发生额和扣除限额
    print(" 准予税前扣除的职工福利费为 %.2f 元 "%w_funds)
else:
    print(" 准予税前扣除的职工福利费为 %.2f 元 "%quota)
```

【示例 8-6】是通过比较职工福利费的实际发生额与扣除限额的大小，来判断企业在计算所得税应纳税所得额时，准予扣除的职工福利费应该是多少。

其中，职工福利费的实际发生额 181 521 是已知的，赋值给变量 w_founds。扣除限额需要根据工资薪金支出和扣除标准计算，所以分别把工资薪金支出 1 234 560 和扣除标准 0.14 赋值给变量 t_wages 和 scale，两者相乘计算出扣除限额并赋值给变量 quota。

然后通过 if 语句判断职工福利费的实际发生额是否小于等于扣除限额。

当判断结果为 true 时，执行 if 语句后面的代码，即输出：准予税前扣除的职工福利费为 181 521.00 元，程序执行到此结束，不再执行后面的 else 语句。

当判断结果为 false 时，直接跳过 if 语句后面的代码，执行 else 语句后面的代码，即输出：准予税前扣除的职工福利费为 172 838.40 元。

【示例 8-6】运行结果如图 8-18 所示。

准予税前扣除的职工福利费为172838.40元

图 8-18 【示例 8-6】运行结果

总　结 ▶▶▶

在 Python 中，if 语句由三部分组成：关键字本身，用于判断结果真假的条件表

达式，以及当表达式为真时执行的代码块。else 语句与 if 语句搭配使用，如果 if 语句条件表达式的值为真，则执行 if 语句后面的代码；如果 if 语句条件表达式的值为假，则执行 else 语句后面的代码。

课后练习 ▶▶▶

一、填空题

1. if 语句的单向判断逻辑分为三步，分别是_____，_____，_____。

2. 在条件判断代码中的冒号后、下一行内容的前面，会空几个格，在计算机的沟通语言中，空格的学名叫缩进，代码的缩进是_____。

3. 对于 Python 而言，_____和_____是一种语法。它会帮助 Python 区分代码之间的层次，理解条件执行的逻辑及先后顺序。

4. if 和 else 语句自身所代表的条件是_____的。

5. 一个完整的代码块包含_____。

二、实战题

1. 判断年份是否大于等于 2025 年，如果是则需输出"财务数据为 2025 年及以后年度的数据"。

2. 判断年份是否大于等于 2025 年，如果是则需输出"财务数据为 2025 年及以后年度的数据"，否则需输出"财务数据为 2025 年以前年度的数据"。

3. 某企业一固定资产的原值为 10 000 元，预计可使用年限为 5 年，预计净残值为 5%，按照直线法计提折旧，截至上月，累计折旧为 8 333.5 元。

要求：计算下一个月的固定资产折旧。

第 8 章
交互式自测

第 9 章

财务中复杂的判断

9

 学习目标 >>>

知识目标

1. 掌握计算机多重判断语句的用法。
2. 掌握 if 嵌套判断的执行原理。

技能目标

1. 能够通过条件控制语句解决财务中的多重判断问题。
2. 能够熟练掌握 Python 中多重判断条件控制语句的结构及执行过程。

素养目标

1. 培养大局意识，处理问题从全局考虑。
2. 培养问题前提条件的限定会对结果产生影响的思维方式。

逻辑维度目标

1. 通过多重判断，理解逻辑嵌套的概念，培养逻辑思维。
2. 培养多分支逻辑、多角度考虑问题的思维方式。

 思维导图 >>>

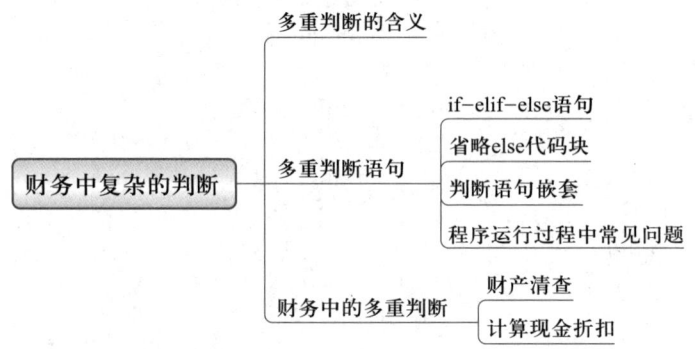

微课：财务中复杂的判断场景介绍

9.1

多重判断的含义

在上一章的内容中，我们已经学习了简单 if 判断语句和 if-else 判断语句。从它们的结构形式来看，可以把简单的 if 判断语句看成单分支条件控制语句，把 if-else 判断语句看成是双分支条件控制语句。在实际生活中，往往不能只局限于这两种简单的条件判断，还需要进行多重判断。比如当儿童乘坐交通工具时，如果身高不超过 1.2 m，享受免票；如果身高在 1.2 m（不含）~1.5 m 之间，享受半价票；如果身高超过 1.5 m，就要买全价票。同理，在 Python 中，很多功能也是需要通过多重判断语句来实现的。

在 Python 中，多重判断也是通过 if 条件控制语句来实现。我们可以理解成是一个多分支的条件控制语句。比如，在学校的考核评价系统中，把学生的考试成绩分成优秀、良好、一般、较差四个等级。分数大于等于 90 分为"优秀"，大于等于 80 分小于 90 分为"良好"，大于等于 60 分小于 80 分为"一般"，分数小于 60 分为"较差"。判断学生的考试成绩等级流程如图 9-1 所示。

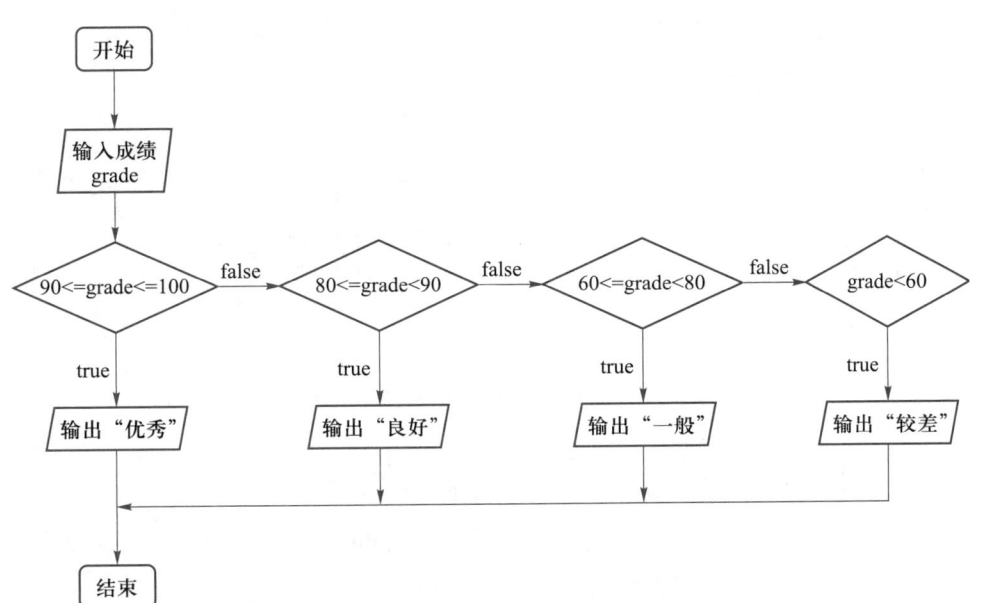

图 9-1 判断学生的考试成绩等级流程

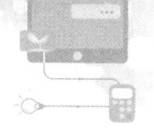

图 9-1 中用到了多个条件判断，如果条件的值为 true，则执行某些操作，否则，进一步进行条件判断，执行其他操作。流程图中需要逐级判断输入的考试成绩在哪个分数段内，并输出相应的等级。当遇到类似情况时，就可使用多重 if 结构语句解决。

下面我们用 Raptor 来制作流程图。由于我们最终把成绩分成四类，那么就需要三个判断，然后依次将流程图组件区中的 Input、Selection 和 Output 组件拖到工作区，并双击每个组件设定内容，最终流程图如图 9-2 所示。

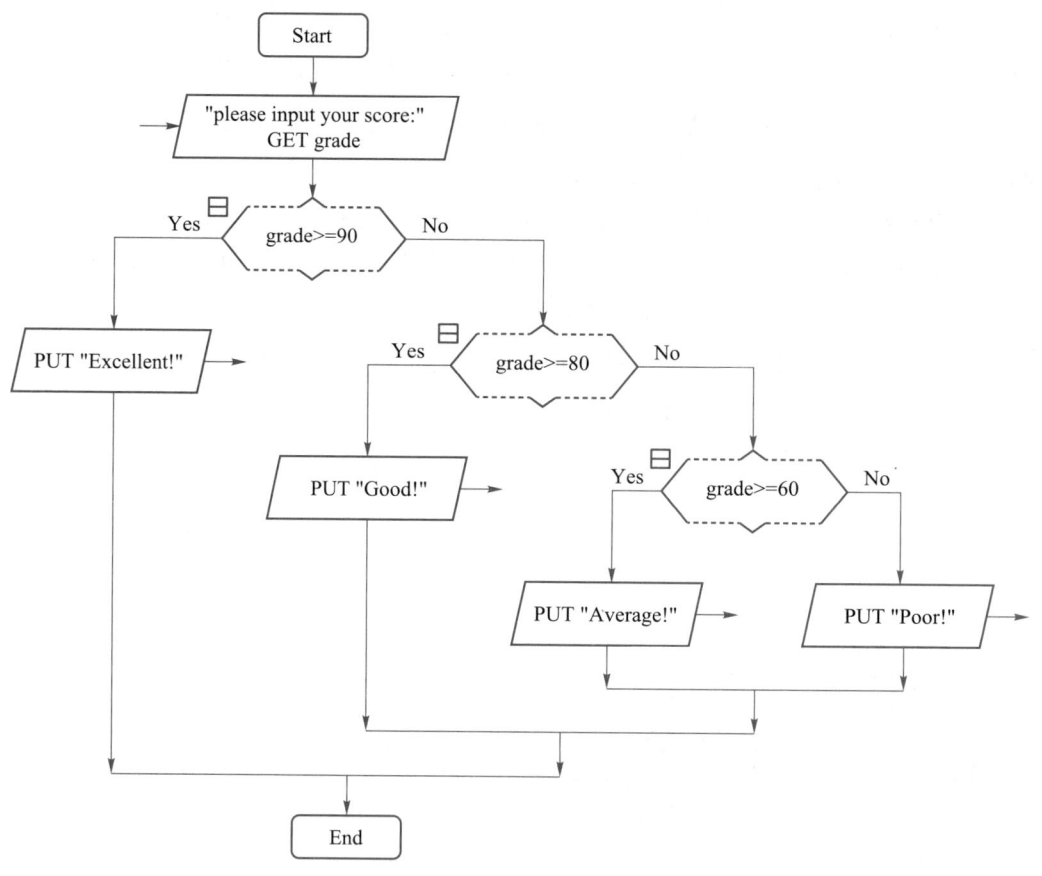

图 9-2　成绩分等级判断 Raptor 流程图

单击"三角符号"后，会弹出如图 9-3 所示的对话框，此时可输入成绩。

例如，输入 99 后，程序会按照绿色框线标记的顺序运行，结果如图 9-4 所示。

可以看到输入 99 后的运行结果为"Excellent！"。

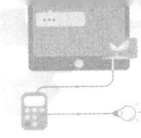

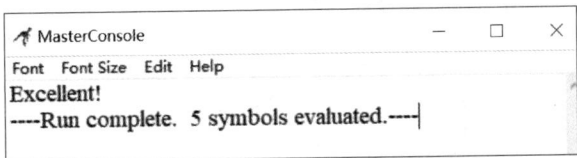

图 9-3 输入成绩的对话框

图 9-4 成绩分等级运行结果

多重判断语句

9.2.1 if-elif-else 语句

多重 if 结构实际上是 if-else 结构的另一种形式；if-elif-else，这种形式也称为阶梯式，当有多个分支选择时，可采用多重 if 结构。在 Python 中，一个 if 语句只能包含一个 else 语句，但是可以拥有多个 elif 语句。

多重 if 结构语法如下：

if　　条件 1：
　　　　＜条件 1 成立（true），执行的代码块＞
elif　　条件 2：
　　　　＜条件 2 成立（true），执行的代码块＞
elif　　条件 3：
　　　　＜条件 3 成立（true），执行的代码块＞
else：
　　　　＜以上条件都不成立（false），执行的代码块＞

注意：只要所有条件中的某个条件成立，Python 就会忽略接下来的所有 elif 条件，跳出语句判断，也就是不再进行后面的 elif 条件判断。

elif 和 else 语句都必须和 if 联合使用，而不能单独使用。可以将 if、elif 和 else 语句以及各自缩进的代码，看成一个完整的代码块。

if-elif-else 判断语句的执行过程如图 9-5 所示。

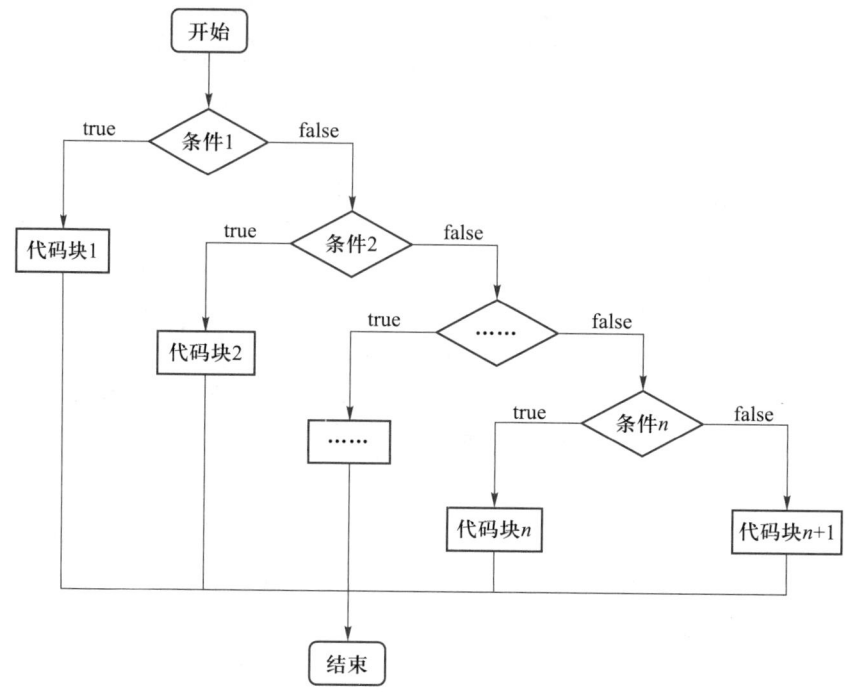

图 9-5　if-elif-else 判断语句的执行过程

多重判断 if 结构从上到下依次对条件进行判断，当条件满足时就执行该条件后面的语句，并跳过其他的条件判断；若没有条件满足，则执行最后的 else 语句块，如果没有 else 语句块，则直接执行该结构后面的语句。

【示例 9-1】甲公司为促进 A 产品销售采用商业折扣的方式进行销售，具体折扣条件如下所示：

if　购买数量小于 100 件：

　没有折扣

elif 100 件 <= 购买数量 <300 件：

　享受 5% 的折扣

elif 300 件 <= 购买数量 <500 件：

　享受 8% 的折扣

else：

　享受 10% 的折扣

如果产品的单价为 10 元 / 件。2025 年 5 月 21 日，客户乙购买 A 产品 380 件，

则甲公司应确认多少销售收入？

代码如下：

```
amount = 380                          # 购买数量
price = 10.00                         # 商品单价
discount1 = 0.05                      # 100 <= 产品购买数量 < 300 时享受的折扣
discount2 = 0.08                      # 300 <= 产品购买数量 < 500 时享受的折扣
discount3 = 0.1                       # 产品购买数量 >= 500 时享受的折扣
if amount < 100:                      # 判断产品数量是否小于 100
    revenue = amount*price            # 计算产品数量小于 100 时的销售收入
elif amount < 300:                    # 判断产品数量是否小于 300
    revenue = amount*price*(1-discount1)  # 计算产品数量大于等于 100 小于 300 时
                                      #   的销售收入
elif amount < 500:                    # 判断产品数量是否小于 500
    revenue = amount*price*(1-discount2)  # 计算产品数量大于等于 300 小于 500 时
                                      #   的销售收入
else:
    revenue = amount*price*(1-discount3)  # 计算产品数量大于等于 500 时的销售
                                      #   收入
print("甲公司应确认销售收入 %.2f 元"%revenue)   # 输出甲公司应确认的销售收
                                      #   入是多少
```

上述示例的执行过程如下：

第一步：变量赋值。

把购买数量 380 赋值给变量 amount，把产品单价 10.00 赋值给变量 price，把购买数量大于等于 100 小于 300 的折扣 0.05 赋值给变量 discount1，把购买数量大于等于 300 小于 500 的折扣 0.08 赋值给变量 discount2，把购买数量大于等于 500 的折扣 0.1 赋值给变量 discount3。

第二步：用 if 语句判断 amount 是否小于 100。

如果判断结果为 true，则执行 if 语句后面的代码，计算没有折扣的销售收入并执行最后面的 print() 函数，程序到此结束，不再执行后面的 elif 语句。

此例题因为 amount 是 380，大于 100，所以判断结果为 false，继续执行后面的 elif 语句。

第三步：用 elif 语句判断 amount 是否大于等于 100 小于 300。

如果判断结果为 true，则执行 elif 语句后面的代码，计算折扣为 0.05 时的销售收入并执行最后面的 print() 函数，程序到此结束，不再执行后面的 elif 语句。

此例题因为 amount 是 380，大于 300，所以判断结果为 false，继续执行后面的 elif 语句。

第四步：用 elif 语句判断 amount 是否大于等于 300 小于 500。

如果判断结果为 true，则执行 elif 语句后面的代码，计算折扣为 0.08 时的销售收入并执行最后面的 print( ) 函数，程序到此结束，不再执行后面的 elif 语句。

此例题因为 amount 是 380，符合大于等于 300 小于 500 的条件，所以判断结果为 true，直接执行后面紧跟的代码，即计算折扣为 0.08 时的销售收入，并执行最后的 print( ) 函数。程序执行到此结束，不再执行后面的 else 语句。

运行结果如图 9-6 所示。

甲公司应确认销售收入3496.00元

图 9-6　【示例 9-1】运行结果

9.2.2　省略 else 代码块

else 是一条包罗万象的语句，只要不满足任何 if 或 elif 中的条件测试，就会执行 else 代码块，这可能会引入无效的数据。如果知道最终要测试的条件，应考虑使用一个 elif 代码块来代替 else 代码块。这样就可以肯定，仅当满足相应的条件时，代码才会执行。

因此，Python 并不要求 if-elif 结构后面必须有 else 代码块。在有些情况下，else 代码块很有用；而在其他一些情况下，使用一条 elif 语句来处理特定的情形可能会更清晰。

【示例 9-2】甲公司为促进 A 产品销售采用商业折扣的方式进行销售，客户一次购买产品数量小于 100 件，没有折扣；购买产品数量大于等于 100 件，小于 300 件，给予 5% 的折扣；购买产品数量大于等于 300，小于 500 件，给予 8% 的折扣；购买产品数量大于等于 500，小于 1 000 件，给予 10% 的折扣；购买数量大于等于 1 000 件，给予 12% 的折扣。产品的单价为 10 元 / 件。2025 年 5 月 21 日，客户丙购买 A 产品 1 200 件，则甲公司应确认多少销售收入？

代码如下：

```
amount = 1200                    # 销售数量
price = 10.00                    # 商品单价
discount1 = 0.05                 # 100 <= 产品购买数量 < 300 享受的折扣
discount2 = 0.08                 # 300 <= 产品购买数量 < 500 享受的折扣
discount3 = 0.1                  # 500 <= 产品购买数量 < 1000 享受的折扣
```

```
discount4 = 0.12                            # 产品购买数量 >= 1000 享受的折扣
if amount < 100:                            # 判断产品数量是否大于 100
    revenue = amount*price                  # 计算产品数量小于 100 时的销售收入
elif amount < 300:                          # 判断产品数量是否小于 300
    revenue = amount*price*(1-discount1)    # 计算产品数量大于等于 100 小
                                            # 于 300 时的销售收入
elif amount < 500:                          # 判断产品数量是否小于 500
    revenue = amount*price*(1-discount2)    # 计算产品数量大于等于 300 小
                                            # 于 500 时的销售收入
elif amount < 1000:                         # 判断产品数量是否小于 1000
    revenue = amount*price*(1-discount3)    # 计算产品销售数量是否大于等
                                            # 于 500 小于 1000 时的销售收入
elif amount >= 1000:                        # 判断产品销售数量是否大于等于 1000
    revenue = amount*price*(1-discount4)    # 计算产品数量大于等于 1000
                                            # 时的销售收入
print("甲公司应确认销售收入 %.2f 元" % revenue)  # 输出甲公司应确认的销售收入
                                            # 是多少
```

【示例 9-2】运行结果如图 9-7 所示。

甲公司应确认销售收入10560.00元

图 9-7 【示例 9-2】运行结果

　　【示例 9-2】同【示例 9-1】执行过程相似，首先给相关变量赋值，然后依次进行判断。因为【示例 9-2】中的 amount 等于 1 200，符合 elif 语句 amount>=1000 的条件，所以程序一直执行到最后的 elif 语句，计算出折扣为 0.12 时的销售收入并执行 print() 函数。

　　从【示例 9-2】的运行代码中，我们可以更加直观地看到客户购买数量大于等于 1 000 时销售收入的计算，比使用 else 语句更加清晰，因为 else 语句后面没有添加具体的判断条件。

9.2.3　判断语句嵌套

　　前面介绍了 3 种形式的判断语句（if 语句，if-else 语句和 if-elif-else 语句），这三种形式的语句之间都可以进行相互嵌套，进行复杂条件的多层次的判断，从而实现更精细的逻辑控制。

微课：嵌套
多重判断降
级

下面通过一个具体的例子来了解这种嵌套使用的情景。

企业发布的财务岗位招聘公告上会要求应聘者具备三个条件：一是学历要求：大专及以上学历；二是专业要求：会计相关专业；三是有两年以上相关工作经验。人事人员在筛选求职简历时，首先要判断该求职者的学历是否满足要求，在学历满足的情况下再进一步判断所学专业是否符合要求，在学历和专业都满足的情况下，再判断是否满足相关工作经验要求。只有当三个条件都满足时，才会通知求职者来面试，否则该简历将被直接过滤掉。企业财务岗位招聘简历筛选流程图如图 9-8 所示。

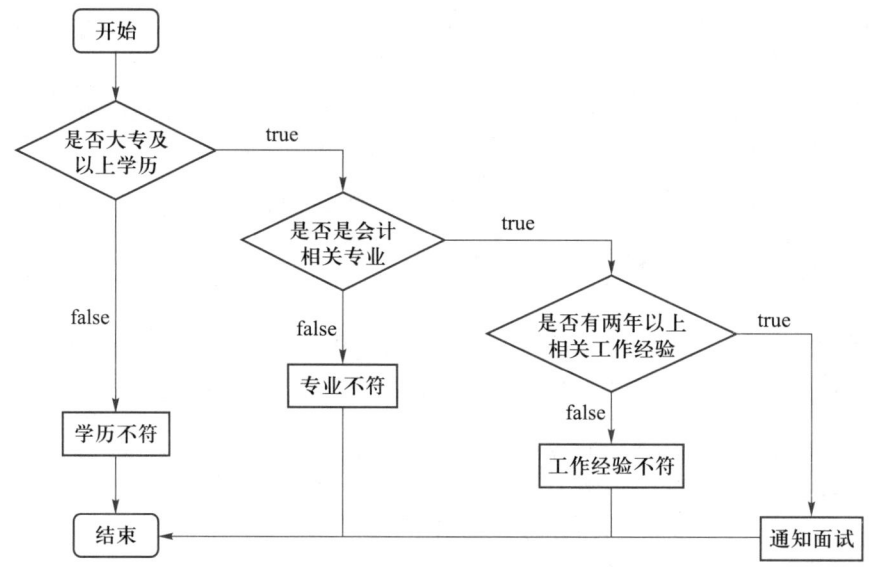

图 9-8　企业财务岗位招聘简历筛选流程图

【示例 9-3】甲公司在选择 A 材料的供应商时主要从质量（quality）、价格（price）、到货周期（time）三个方面进行考察。三个方面都满足要求的供应商才是合格供应商，供应商合格标准对照表如表 9-1 所示。

表 9-1　供应商合格标准对照表

指标	A 材料质量检测得分 / 分	单价 /（元 / 千克）	到货周期 / 天
标准	＞95	≤ 15.00	≤ 5

已知 M 供应商提供的 A 材料报价为 12.00 元 / 千克，采购到货周期为 6 天，其所提供的 A 材料样本经检测质量得分为 99.55 分。请判断 M 供应商是不是合格供应商。

代码如下：

```
quality = 99.55                          #A 材料的质量得分
```

```
price = 12.00                          #A 材料的单价
period = 6                             #A 材料的到货周期
if quality > 95.00:                    #判断 A 材料质量得分是否大于 95 分
    print("A 材料质量符合要求")
    if price <= 15.00:    #如果质量符合要求，再判断 A 材料的价格是否小于等于 15
        print("A 材料价格符合要求")
        if period <= 5.00:      #如果质量和价格符合要求，再判断 A 材料的到货周期
                                是否小于等于 5
            print("M 供应商是合格供应商")
        else:
            print("A 材料到货周期不符合要求")
    else:
        print("A 材料价格不符合要求")
else:
    print("A 材料质量不符合要求")
```

上述示例的执行过程如下：

第一步：变量赋值。

把 A 材料的质量检测得分 99.55 赋值给变量 quality，把单价 12.00 赋值给变量 price，把到货周期 6 赋值给变量 period。

第二步：用 if 语句判断 quality 是否大于 95.00。

如果判断结果为 true，则执行 if 后面的代码，输出"A 材料质量符合要求"。如果判断结果为 false，则执行最后面的 print( ) 函数，输出"A 材料质量不符合要求"，整个程序执行过程到此结束。

此示例中因为 quality 等于 99.55 符合第一个 if 质量判断，所以继续执行后面的 if 价格判断。

第三步：继续执行 if 语句判断 price 是否小于等于 15.00。

如果判断结果为 true，则执行 print( ) 函数输出"A 材料价格符合要求"，并执行 if 价格判断后面的代码。如果判断结果为 false，则执行最后面的 print( ) 函数，即输出"A 材料价格不符合要求"，整个程序执行过程到此结束。

此示例中因为 price 等于 12.00，符合 if 价格判断 price <= 15.00，所以继续执行后面的 if 到货周期判断。

第四步：继续执行 if 到货周期判断，判断 period 是否小于等于 5.00。

如果判断结果为 true，则执行最后面的 print( ) 函数输出"M 供应商是合格供应商"。因为例题中到货周期 period 等于 6 不满足条件，判断结果为 false，则执行最后面的 print( ) 函数，输出"A 材料到货周期不符合要求"。整个程序执行过程到此结束。

【示例 9-3】运行结果如图 9-9 所示。

A材料质量符合要求
A材料价格符合要求
A材料到货周期不符合要求

图 9-9　【示例 9-3】运行结果

9.2.4　程序运行过程中常见问题

在运行 if-elif-else 语句过程中，常见的问题除 if、elif 与条件之间忘记添加空格、条件和 else 后面忘记添加英文状态下的冒号等问题外，最容易犯的错误就是 if、elif、else 条件语句后面的代码块缩进问题。特别是在 if 嵌套中，如果缩进不对，除了运行报错，可能整个代码运行结果就会发生改变。常见问题如图 9-10 所示。

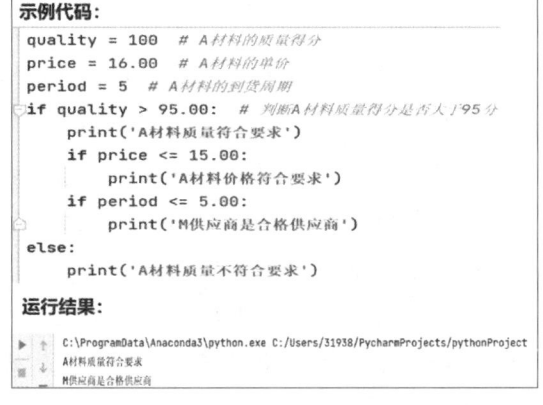

图 9-10　常见问题

🔍 知行合一

华罗庚是一位世界一流的数学家。他仅有初中文凭，但是凭着坚持不懈的努力、刻苦自学，他被熊庆来教授推荐到清华大学数学系任助教。在这里，他得益于熊庆来、杨武之的指导，学术上得以长足进步，并逐渐树立起他在世界数学界的地位。1930 年，他在《科学》杂志上发表《苏家驹之代数的五次方程式解法不能成立之理由》的论文，轰动数学界。

华罗庚的读书方法与众不同。他拿到一本书，不是翻开从头至尾地读，而是对着书思考一会儿，然后闭目静思。他猜想书的谋篇布局，斟酌完毕再打开书，如果作者的思路与自己猜想的一致，他就不再读了。华罗庚这种猜读法不仅节省了读书时间，而且还培养了自己的思维力和想象力，不至于使自己沦为书的奴隶。

程序中的判断也是一样，先判断出应该选择的方法是简单判断还是多重判断，如果是简单判断，考虑应该使用 if 还是 if-else 语句；如果是多重判断，考虑应该使用 if-elif 还是 if-elif-else 语句，如果都不是，则考虑是否应该使用 if 嵌套。只有找到合适的方法才能更好地提高工作效率，更快地解决财务中所遇到的各种判断问题。

微课：示例
9-4 讲解

9.3 财务中的多重判断

在财务工作中，需要用到多重判断的场景也非常多，例如在财产清查和计算现金折扣时使用多重判断。

9.3.1 财产清查

财产清查主要是通过对货币资金、实物资产和往来款项等财产物资进行盘点或核对，确定其实存数，查明账存数与实存数是否相符的一种专门方法。根据不同的清查结果，要进行相应的账务处理。

【示例 9-4】2025 年 5 月 31 日，甲公司对存货牛黄进行了盘点，盘点结果如表 9-2 所示。请根据盘点结果做出相应的账务处理。

表 9-2 盘 点 结 果

单位名称：甲公司　　　　　　　　　　　　　　　　　　　2025 年 5 月 31 日

序号	编号	类别及名称	单价/（元/千克）	实际数量/千克	账面数量/千克
01	091	牛黄	10.00	395.00	400.00

代码如下：

```
r_amount = 395.00                          # 实际数量
b_amount = 400.00                          # 账面数量
```

```
price = 10.00                              #单价
if r_amount == b_amount:                   #判断实际数量是否等于账面数量
    print("实际数量等于账面数量，无须进行账务处理")
elif r_amount>b_amount:                     #判断实际数量是否大于账面数量
    in_profit = (r_amount-b_amount)*price   #计算存货盘盈的金额
    print("发生存货盘盈，借记原材料 %.2f 元，贷记待处理财产损溢 %.2f 元" %
(in_profit, in_profit))
else:
    in_loss = (b_amount-r_amount)*price     #计算存货盘亏的金额
    print("发生存货盘亏，借记待处理财产损溢 %.2f 元，贷记原材料 %.2f 元" %
(in_loss, in_loss))
```

上述示例代码的执行过程如下：

第一步：变量赋值。

把存货的实际数量 395.00 赋值给变量 r_amount，把存货账面数量 400.00 赋值给变量 b_amount，把单价 10.00 赋值给变量 price。

第二步：用 if 语句判断 r_amount 是否恒等于 b_amount。

如果判断结果为 true，则执行 if 后面的代码，输出"实际数量等于账面数量，无须进行账务处理"。

此示例中因为 r_amount 与 b_amount 不相等，所以判断结果为 false，继续执行后面 elif 判断语句。

第三步：用 elif 语句判断 r_amount 是否大于 b_amount。

如果判断结果为 true，则执行 elif 后面的代码，计算 in_profit（存货盘盈的金额），并输出发生存货盘盈，借记原材料多少元，贷记待处理财产损溢多少元。

此示例中因为 r_amount 小于 b_amount，所以判断结果为 false，继续执行后面 else 判断语句。

第四步：因为前面 if 和 elif 条件语句的判断结果均为 false，所以执行 else 判断语句后的代码。

【示例 9-4】运行结果如图 9-11 所示。

发生存货盘亏，借记待处理财产损溢50.00元，贷记原材料50.00元

图 9-11　【示例 9-4】运行结果

9.3.2　计算现金折扣

【示例 9-5】2025 年 5 月 1 日，甲公司向客户乙销售一批 A 产品，数量 5 000 件，单价 200 元 / 件，A 产品适用的增值税税率为 13%。双方在销售合同中规定现金折扣条件为 2/10，1/20，n/30，付款期限从 A 产品发出次日开始计算，并且约定计算现金折扣时不考虑增值税。A 产品于 5 月 1 日发出，客户乙于 5 月 21 日支付货款。请计算该客户享有的现金折扣金额是多少。

代码如下：

```
amount = 5000                              # 销售数量
price = 200.00                             # 商品单价
d_rate1 = 0.02                             # 10 日内付款享受的现金折扣
d_rate2 = 0.01                             # 20 日内付款享受的折扣
pay_terms = 20                            # 客户实际付款期限
if pay_terms <= 10:                        # 判断是否在 10 日内付款
    cash_discount = amount*price*d_rate1   # 计算客户 10 日内付款享有的现金折扣
elif pay_terms <= 20:                      # 判断客户是否在 20 日内付款
    cash_discount = amount*price*d_rate2   # 计算客户 20 日内付款享有的现金折扣
else:                                      # 计算客户的实际付款期限是否超过了 20 日
    cash_discount = 0                      # 客户超过 20 日付款不享有现金折扣
print("客户享有的现金折扣为 %.2f 元" % cash_discount)
```

运行代码，结果如图 9-12 所示。

客户享有的现金折扣为10000.00元

图 9-12　【示例 9-5】运行结果

同【示例 9-4】类似，上面示例代码的执行过程也是先给相关变量赋值，然后依次进行判断。因为这里的 pay_terms（客户实际付款期限）等于 20 天，符合 elif 语句 10<pay_items<=20 的条件，所以程序执行到这里，计算出客户在该期限内享受的现金折扣金额 cash_discount，并执行最后面的 print() 函数。

总　结　▶▶▶

多重 if 结构语句实际上是 if-else 结构的另一种形式；if-elif-else，这种形式也称为阶梯式，由多个条件判断语句组成，如果条件的值为 true，则执行某些操作，

否则，进一步进行条件判断，执行其他操作。

　　嵌套 if 语句是指在已有 if 语句块中插入另一个 if 语句块，实现条件的嵌套判断，if 语句块可以多层嵌套。

 课后练习 ▶▶▶

一、填空题

if 有_____种结构，分别是_____。

二、实战题

1.（1）从控制台输入要出的拳——石头、剪刀、布。

（2）计算机随即出拳。

（3）比较胜负。

2. 猜数字，随机选择一个三位以内的数字作为答案。用户输入一个数字，程序会提示大了或是小了。

3. 企业发放的奖金根据利润提成。利润（I）低于或等于 10 万元时，奖金可提成 10%；10 万元到 20 万元之间时，低于 10 万元的部分按 10% 提成，高于 10 万元的部分，可提成 7.5%；20 万元到 40 万元之间时，高于 20 万元的部分，可提成 5%；40 万元到 60 万元之间时高于 40 万元的部分，可提成 3%；60 万元到 100 万元之间时，高于 60 万元的部分，可提成 1.5%，高于 100 万元时，超过 100 万元的部分按 1% 提成，从键盘输入当月利润（I），求应发放奖金总数。

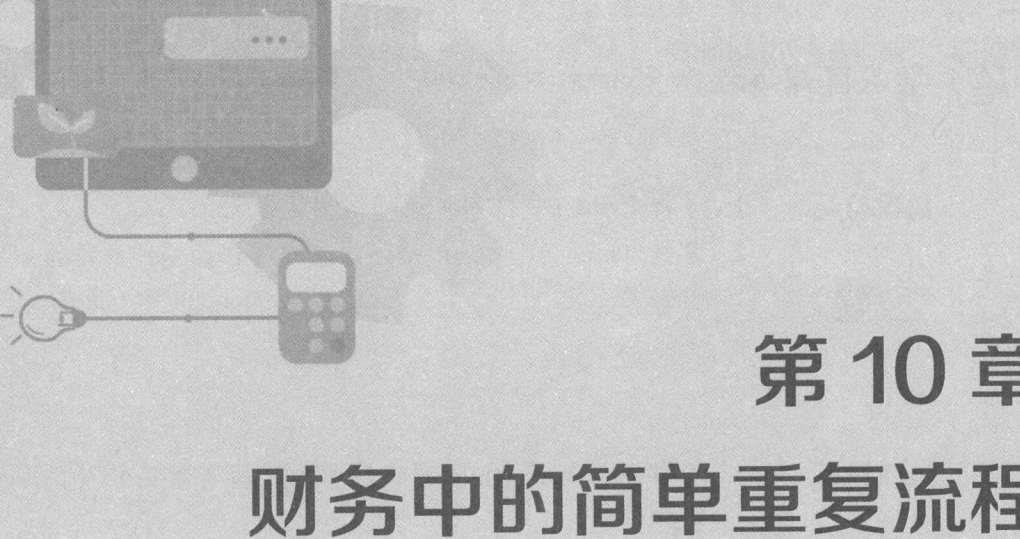

第 10 章
财务中的简单重复流程
——简单循环

10

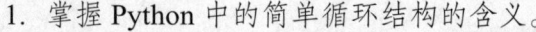

学习目标

知识目标

1. 掌握 Python 中的简单循环结构的含义。
2. 掌握 while 循环和 for 循环的基本用法，并能熟练运用计数器。

技能目标

1. 能够熟练运用 while 循环结构，处理与财务相关的条件循环问题。
2. 能够熟练运用 for 循环结构，处理与财务相关的计数循环问题。

素养目标

1. 通过循环语句的学习，认识到可以借助计算机解决简单的重复性工作。
2. 培养相信科学、科教兴国的坚定意志和决心。

逻辑维度目标

1. 建立计算机循环思维。
2. 学会利用循环思维解决财务问题。

思维导图

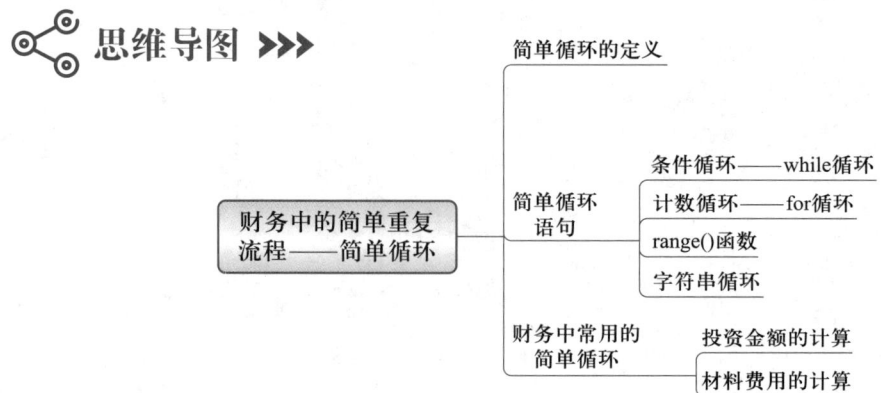

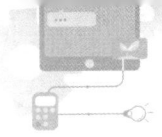

程序设计包含三种基本结构：顺序结构、分支结构和循环结构，前面两种我们在之前的任务中已经讲到，本章将详细介绍简单循环结构。

10.1 简单循环的定义

对大多数财务人员来说，周而复始地做同样的事情是非常枯燥的，但是计算机永远都不会觉得枯燥且非常擅长执行重复的任务。在本章中，我们就来看看如何让计算机帮我们解决重复的工作。

我们把重复执行某些操作的程序结构叫作循环结构。在实际应用中，常会碰到一些需要重复执行的步骤，如级数求和、统计报表等。

图 10-1 是循环结构的流程图，当条件判断为真时执行循环体。

Python 提供了两种基本的循环结构：while 循环和 for 循环。

（1）while 循环。while 循环多用于不确定循环次数的情况，也叫作条件循环，只要条件为真，这种循环就一直持续下去。

（2）for 循环。for 循环在已知循环次数的情况下使用，也叫作计数循环。

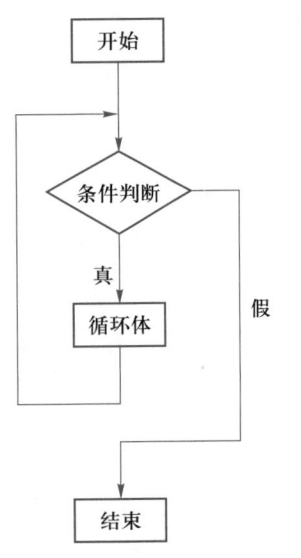

图 10-1　循环结构的流程图

10.2 简单循环语句

10.2.1　条件循环——while 循环

如果想让循环一直运行下去，直到某种情况发生时才结束，但并不知道在这种情况发生之前会出现多少次循环，这时就可以使用 while 循环来实现。

1. while 循环简介

While 循环不计算需要执行的循环次数，而是通过条件判断来确定是否继续循环。因此，while 循环也称为条件循环。当某个条件满足时，while 循环会一直执行下去。因此，while 循环的结构概括成一句话就是：只要……条件成立，就一直做……。

While 循环的语句结构如图 10-2 所示。

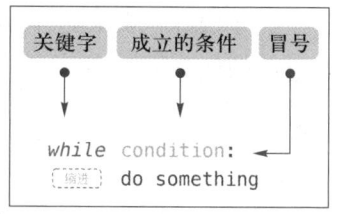

图 10-2　while 循环的语句结构

？ 术语箱

（1）While 是关键字，成立的条件即条件的计算表达式，整个语句根据表达式的真、假来决定是否继续循环。While 语句的表达式要以冒号结尾。

（2）While 语句下面的代码在判断为真时执行，判断为假时整个 While 语句终止循环。这行代码就是 Python 每次循环时都要执行的代码块。while 循环需要用代码块来告诉程序每次循环时具体需要做什么。这个代码块（代码中缩进的部分）称为循环体。

（3）每执行一次循环称为一次迭代。

【示例 10-1】认识 while 函数，代码如下：

```
while 1 < 3:
    print("1 是小于 3 的")
```

运行代码，结果如图 10-3 所示。

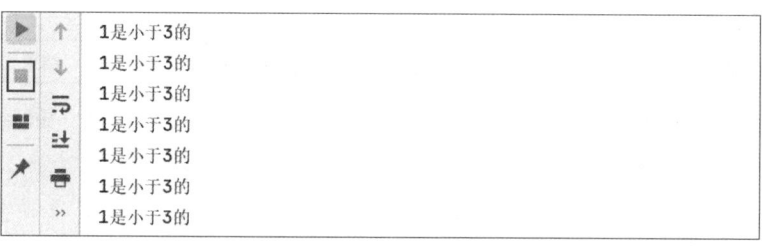

图 10-3　【示例 10-1】运行结果

由【示例 10-1】可知，while 后面的条件表达式是永远成立的，所以循环会一直进行下去，这种条件永远为 True 的循环，被称为无限循环。如果不及时停止，计算机会一直执行下去。因此一定要记得及时停止运行代码！可以单击图 10-3 左侧小方块可停止运行。

2. while 循环基础语句

【示例 10-1】是一个最简单的 while 循环语句，帮助大家认识 while 函数。下面我们来看在实际运用中，还需要用到的常见的 while 循环语句。

【示例 10-2】while 函数的运用，代码如下：

```
week = 0
while week < 7:
    print("我已经学习 Python %d 周啦"%week)
    week += 1
print("我已经学习 Python %d 周啦，我可以去找工作啦"%week)
```

运行代码，结果如图 10-4 所示。

```
我已经学习Python0周啦
我已经学习Python1周啦
我已经学习Python2周啦
我已经学习Python3周啦
我已经学习Python4周啦
我已经学习Python5周啦
我已经学习Python6周啦
我已经学习Python7周啦，我可以去找工作啦
```

图 10-4　【示例 10-2】运行结果

将【示例 10-2】的代码拆解，如图 10-5 所示。

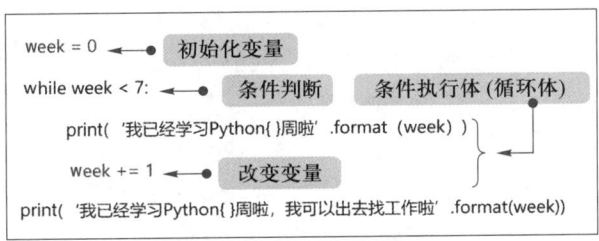

图 10-5　拆解【示例 10-2】

图 10-5 重点是 week 变量每次循环会自动加 1，当条件不满足时会自动跳出循环。

在上面的代码中，将 week 变量赋值为 0，即初始化变量，从 0 开始进行判断。接下来的 while 语句中，以变量 week 小于 7 作为条件判断语句，判断结果为真时，执行循环体内的 print 语句。例如当 week = 0 时，符合 week<7 的条件，则输出"我已经学习 Python 0 周啦"。接下来，"week += 1"等价于"week = week + 1"，意味着 week 被重新赋值。因为在最开始时将 week 赋值为 0，此时，"week += 1"就等价于"week = 0 + 1"，随着每次循环往复，week 都会在上一次的基础上被重新赋值，都会增加 1，直至 week 等于 7 时，不满足 week<7 的条件，循环停止。

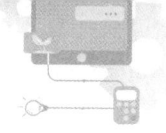

我们来模拟一下运行流程：当 week＝0 时，week＜7 为真，输出"我已经学习 Python0 周啦"，然后执行 week＋＝1，即 week＝0＋1＝1。然后再返回 while 语句进行判断，week＝1＜7，为真，输出"我已经学习 Python 1 周啦"，然后执行 week＋＝1，即 week＝1＋1＝2。返回 while 语句进行判断，week＝2＜7，为真，输出"我已经学习 Python 2 周啦"。依次类推，当 week=7 时，条件判断 week＜7 为假，不执行循环体，直接输出"我已经学习 Python 7 周啦，我可以出去找工作啦"。

利用循环增加变量值是一个常见的技巧，变量值不仅可以随着循环增加，还可以随着循环减少，甚至是成倍数增加或减少。

while 循环的执行流程可以总结为以下四个步骤：

（1）初始化变量。

（2）进行条件判断。

（3）执行条件循环体（执行体）。

（4）改变变量。

while 循环执行流程如图 10-6 所示。

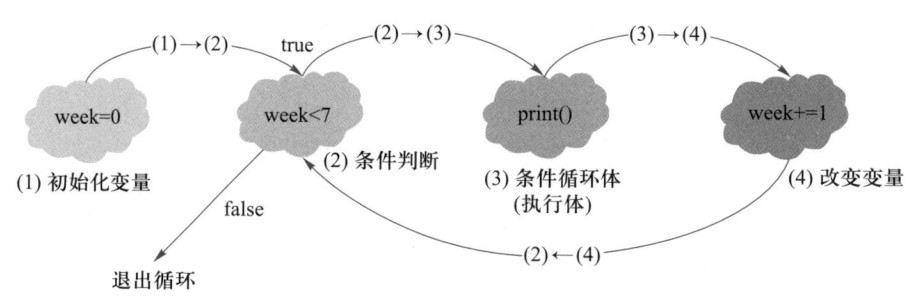

图 10-6　while 循环执行流程

10.2.2　计数循环——for 循环

计数循环，又称为 for 循环。之所以将计数循环叫作 for 循环，是因为包括 Python 在内的很多编程语言会使用关键词 for 来创建这种循环。

for 语句接受可迭代对象（例如序列或迭代器）作为其参数，每次迭代其中的一个元素。

for 语句的执行过程是：每次循环，判断序列中是否还有元素，如果有，取出该值提供给循环体内的语句使用；如果没有，则结束循环。

【示例 10-3】认识 for in，代码如下：

```
for i in[1, 2, 3, 4, 5]:
```

```
print('hello')
```

运行代码，结果如图 10-7 所示。

```
hello
hello
hello
hello
hello
```

图 10-7 【示例 10-3】运行结果

从以上示例可知，hello 重复打印了 5 次，这是因为变量 i 的值从 1 开始（i＝1），循环会依次对应列表中的每一个值，把下一个语句中的所有操作执行一次。示例中就是输出"hello"，在每次执行循环时，变量 i 会被赋予列表中的下一个值。

for 循环作为编程语言中最强大的结构体之一，能够帮助人们做很多重复性的事情。我们把 for 循环做的事情概括成一句话就是：

于……中的每一个元素，做……事情。for in 结构如图 10-8 所示。

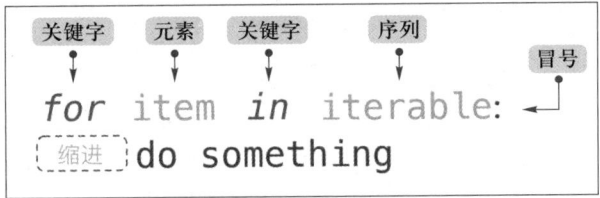

图 10-8 for in 结构

由图 10-8 所示，for 是关键字，而后面紧接着的是一个变量名称，变量名称可以自己定，但切记不要和关键字重名。

在关键字 in 后面所对应的一定是具有"可迭代的"序列形态的对象，例如：字符串、列表、字典等。

在了解了 for 循环基础知识后，现在我们用循环来做点有意义的事情，比如打印一张乘法表。

【示例 10-4】运用 for in，代码如下：

```
for i in[1, 2, 3, 4, 5]:
    print(i,'*5 = ',i*5)
```

运行代码，结果如图 10-9 所示。

```
1 *5= 5
2 *5= 10
3 *5= 15
4 *5= 20
5 *5= 25
```

图 10-9 【示例 10-4】运行结果

【示例 10-4】通过运行代码输出了一个乘法表，如果单独用 print 语句运行，则需要输入 5 次代码，循环让这个问题变得简单了许多。

10.2.3 range( ) 函数

【示例 10-4】中的循环只循环了 5 次，如果想循环运行 100 次或者 1 000 次，该怎么做呢？是否需要输入很多数字呢？这个时候，我们就可以用到一个内置函数——range。我们只需要在 range 函数后面的括号中填入数字，就可以得到一个具有连续整数的序列。

【示例 10-5】认识 range( ) 函数，代码如下：

```
for i in range(1,5):
   print(i,'*5 = ',i*5)
```

运行代码，结果如图 10-10 所示。

```
1 *5= 5
2 *5= 10
3 *5= 15
4 *5= 20
```

图 10-10 【示例 10-5】运行结果

这段代码表达的意思是：将 1~5 范围内的每一个数字依次装入变量 i 中，每次循环展示 i×5 的结果。该结果与【示例 10-4】运行结果相比，少了最后一次循环。这是因为 range(1,5) 给出的列表是 [1,2,3,4]。这正是 range( ) 函数的运行机制，它会提供一个数字列表，该列表从起始值开始，到结束值的前一个数字为止（不包括结束值）。考虑到这一点，可以通过调整数值范围得到想要的循环次数。

range( ) 函数用法结构如图 10-11 所示。

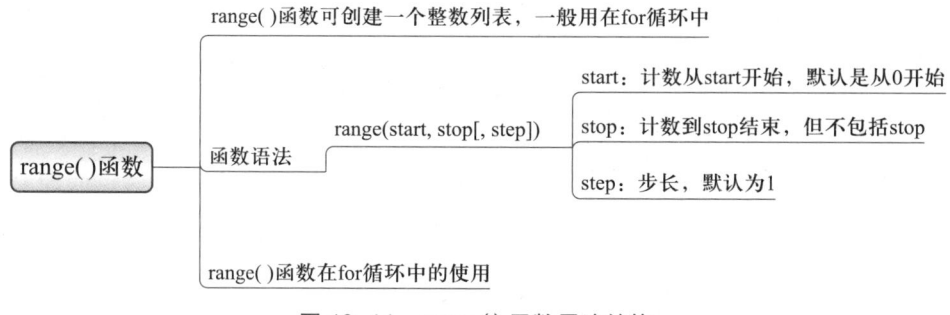

图 10-11 range( ) 函数用法结构

由上可知，不一定非要给 range( ) 函数提供完整的参数范围（像【示例 10-5】中那样），也可以只提供一个参数。

【示例 10-6】认识 range 函数，代码如下：

```
for i in range(5):
    print(i,'*5 = ',i*5)
```

运行代码，结果如图 10-12 所示。

```
0 * 5 = 0
1 * 5 = 5
2 * 5 = 10
3 * 5 = 15
4 * 5 = 20
```

图 10-12　【示例 10-6】运行结果

图 10-12 的运行结果与【示例 10-5】的结果基本一致，不同的是多了第一条内容。这是因为当 range( ) 函数只提供一个参数时，默认是从 0 开始，而不是从 1 开始。从 0 开始到 4，一共循环了 5 次。

到目前为止，计数循环在每次迭代时都会让循环变量加 1，如果想让循环按步长为 2 或者其他数字来计算，该怎么做呢？

range( ) 函数可以接受一个额外的参数，利用这个参数就可以把步长从默认值 1 改为其他值。

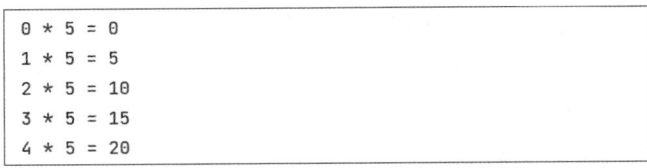 **术语箱**

参数就是在调用像 range( ) 这样的函数时放在括号里的值。这里可以说，我们向函数传递了参数。

【示例 10-7】运用 range 函数，代码如下：

```
for i in range(1,10,2):
    print(i,'*5 = ',i*5)
```

运行代码，结果如图 10-13 所示。

```
1 * 5 = 5
3 * 5 = 15
5 * 5 = 25
7 * 5 = 35
9 * 5 = 45
```

图 10-13　【示例 10-7】运行结果

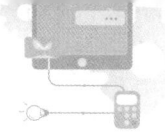

上面的示例中，变量 i 按步长 2 在 1~10 的序列中取数。初始值是 1，结束值是 9。

10.2.4 字符串循环

在前面所有的示例中，循环变量都是一个数字。用编程术语来讲就是：循环在一个数字列表上进行迭代。但是这个列表不一定必须是数字序列，它也可以是字符序列（字符串），或者是其他列表。

【示例 10-8】认识字符串循环，代码如下：

```
for i in 'finance':
    print(i)
```

运行代码，结果如图 10-14 所示。

图 10-14 【示例 10-8】运行结果

通过以上的示例发现计数循环使用列表来进行迭代，字符串就像是一个字符列表，可以使用字符串来实现循环。字符串中的每个字符对应循环中的一次迭代。因此，如果输出循环变量，就会得到这个字符串中的每一个字母，而且每次只输出一个字母。又因为每条 print 语句都会换行，所以每个字母都会输出在单独的一行上。在学习过程中，也可以将列表中的数字换成多个字符串尝试一下，这是一种很好的学习方法！

10.3
财务中常用的简单循环

通过简单循环结构，Python 可以进行一些重复性操作，本节将详细描述循环结构在财务工作场景中的运用。

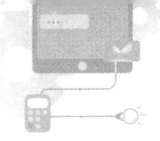

10.3.1　投资金额的计算

【示例 10-9】while 在字符串循环中的运用。小金花 100 万元买了一项理财产品，年投资回报率为 6%，预计投资 8 年，计算小金每年理财产品的投资价值。代码如下：

```
year = 0
while year < 9:
    FV = 100*(1+0.06)**year
    print('第 %i 年理财产品价值是：' % year, '%.2f' % FV, '万元')
    year += 1
```

运行代码，结果如图 10-15 所示。

```
第0年理财产品价值是： 100.00 万元
第1年理财产品价值是： 106.00 万元
第2年理财产品价值是： 112.36 万元
第3年理财产品价值是： 119.10 万元
第4年理财产品价值是： 126.25 万元
第5年理财产品价值是： 133.82 万元
第6年理财产品价值是： 141.85 万元
第7年理财产品价值是： 150.36 万元
第8年理财产品价值是： 159.38 万元
```

图 10-15　【示例 10-9】运行结果

上面的示例中，我们计算出了从投资开始到第 8 年该项理财产品的投资价值。首次设置初始变量，即从第 0 年开始。然后进行条件判断，year 小于 9 然后执行下方语句，即每年都计算一次投资价值，将投资价值的计算公式赋值给变量 FV，最后再执行 print 语句。print 语句运用了格式化字符串，对投资价值计算结果保留了两位小数。整个代码一共循环 8 次，当 year 等于 9 的时候不满足循环条件，终止循环。

要得到【示例 10-9】的结果，使用 for 循环该如何实现呢？

【示例 10-10】接【示例 10-9】，for 循环的运用，代码如下：

```
for year in range(9):
    FV = 100*(1+0.06)**year
    print('第 %i 年理财产品价值是：' % year, '%.2f' % FV, '万元')
```

运行代码，结果如图 10-16 所示。

【示例 10-10】运行结果与【示例 10-9】的结果一样，因为 range() 函数代表 0 到 8 的序列，而 for 循环可以遍历序列中的每个数值，所以不需要设置初始变量。

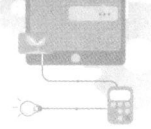
```
第0年理财产品价值是：  100.00 万元
第1年理财产品价值是：  106.00 万元
第2年理财产品价值是：  112.36 万元
第3年理财产品价值是：  119.10 万元
第4年理财产品价值是：  126.25 万元
第5年理财产品价值是：  133.82 万元
第6年理财产品价值是：  141.85 万元
第7年理财产品价值是：  150.36 万元
第8年理财产品价值是：  159.38 万元
```

图 10-16 【示例 10-10】运行结果

10.3.2　材料费用的计算

【示例 10-11】简单循环函数实战。宏发服装厂生产 F1、F2、F3、F4、F5 五种产品。车间材料费用采用定额消耗量比例法进行核算。各产品的 A 材料定额消耗量分别为 14 900 千克、4 560 千克、12 300 千克、5 700 千克、1 100 千克。A 材料的费用分配率为 4 元 / 千克。请计算每种产品所耗用的 A 材料费用。代码如下：

```
amount = [14900, 4560, 12300, 5700, 1100]
for i in amount:
    cost = 4*i
    print('耗用 A 材料费用为 %i 元' % cost)
```

运行代码，结果如图 10-17 所示。

```
耗用A材料费用为59600元
耗用A材料费用为18240元
耗用A材料费用为49200元
耗用A材料费用为22800元
耗用A材料费用为4400元
```

图 10-17 【示例 10-11】运行结果

以上的示例将一个列表赋值给变量 amount，然后用 for 循环遍历列表中的每一个数值。

我们也可以用 Raptor 做一个自然数累加的程序，比如从 1 加到 10 的案例。此时需要分别拖入 Assignment、Loop 和 Output 组件，并逐一进行设置。完成后的程序流程及运行结果如图 10-18 和图 10-19 所示。

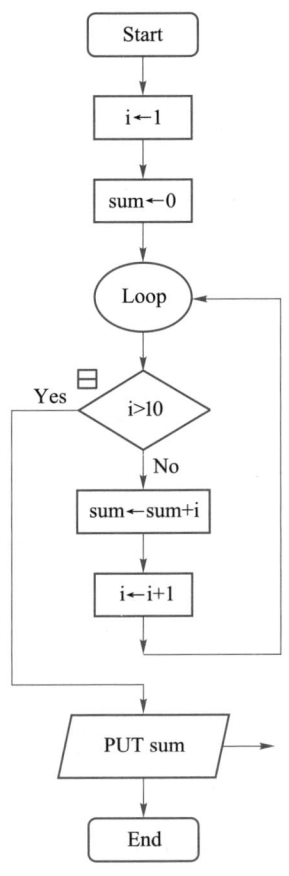

图 10-18 Raptor 从 1 加到 10 流程图及运行结果

```
MasterConsole
Font  Font Size  Edit  Help
55
----Run complete.  47 symbols evaluated.----
```

图 10-19 Raptor 从 1 加到 10 的程序运行结果

总　结 ▶▶▶

本章最后，我们总结一下循环代码编写过程中可能会遇到的错误：

（1）编写程序时，for 和 while 表达式后面的冒号"："是不可缺少的。该冒号表示一个语句块的开始，并且语句块必须做相应的缩进，一般是以 4 个空格为缩进单位。

（2）在定义循环的范围时，range( ) 函数"顾头不顾尾"，因此如果从 1 计数到

10，要写成 range(1,11)。

（3）在 while 循环结构中，为了控制循环次数，通常会在程序中设置一个计数变量。每次循环，该变量进行自增或自减操作，当变量值自增到大于设定的上限值或者自减到小于设定的下限值时，循环自动结束。在写程序时若不注意这个问题，有可能会出现死循环。

 课后练习 ▶▶▶

一、填空题

1. 循环结构有_____、_____两种，它们分别用于_____，
_____。

2. 在 while 循环中，为避免出现死循环要注意_____。

3. 在定义循环的范围时，range( ) 函数_____，因此如果从 1 计数到
10，要写成_____。

第 10 章
交互式自测

二、实战题

1. 有一对兔子，从出生后第 3 个月起每个月都生一对兔子，小兔子长到第三个月后每个月又生一对兔子，假如兔子都不死，问每个月的兔子总数为多少？

2. 将 10 000 元本金存入银行，年利率是 3‰。每过 1 年，将本金和利息相加作为新的本金。计算 5 年后，获得的本金是多少。

3. 猴子吃桃问题：猴子第一天摘下若干个桃子，当即吃了一半，不过瘾，又多吃了一个，第二天早上又将剩下的桃子吃掉一半，又多吃了一个。以后每天早上都吃前一天剩下的半个桃子再加一个桃子。到第十天早上想再吃时，见只剩下一个桃子了。求第一天总共摘了多少个桃子。

第 11 章

财务中的复杂重复流程
——循环嵌套

11

学习目标 >>>

知识目标
1. 了解计算机嵌套循环的语句和用法。
2. 掌握循环跳出语句 continue 和 break 用法。

技能目标
1. 能够熟练运用 while 循环和 for 循环，处理与财务相关的嵌套循环问题。
2. 能够熟练运用 continue 和 break 语句，进行循环的跳转与终止。

素养目标
1. 认知多重循环的循环方式，认识到循环往复探究真理的重要性。
2. 通过学习循环嵌套，培养学生不忘初心的奋斗精神。

逻辑维度目标　锻炼计算机循环思维。

思维导图 >>>

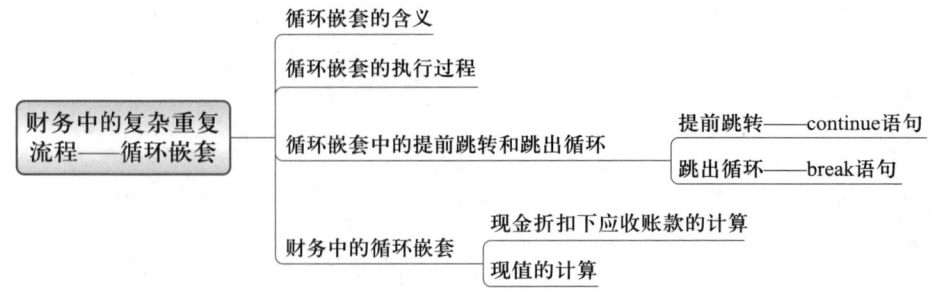

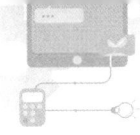

11.1 循环嵌套的含义

在前面的章节中，本书介绍了 while 循环和 for 循环两种基本的循环语句，在实际业务中，为了处理更复杂的事情，会将while 循环和 for 循环相互嵌套，也就是循环嵌套。循环嵌套就是在一个循环中又包含另外一个完整的循环，即循环体中又包含循环语句。比如俄罗斯套娃，一般由多个一样图案的空心木娃娃一个套一个组成；再比如钟表，秒针旋转一周，分针动一格，分针旋转一周，时针动一格，一直这样循环往复，如图 11-1 所示。这些都包含循环嵌套的知识。

图 11-1 循环嵌套的实例

11.2 循环嵌套的执行过程

在 Python 中，循环嵌套的执行过程是：一次外循环对应着完整的一轮内循环。相当于一次分针的转动，对应着秒针的一轮完整的转动。

循环嵌套的执行过程如图 11-2 所示。

开始执行程序，当外部循环条件为真时，进入外层循环体。然后进行内层循环条件的判断，判断结果为真时，进入内层循环体，然后进行内层循环的迭代，直到内层循环条件判断为假时，再跳到外层循环体进行迭代。最后，当外层循环体为假时，程序终止。以钟表为例，我们将分针的转动比作外

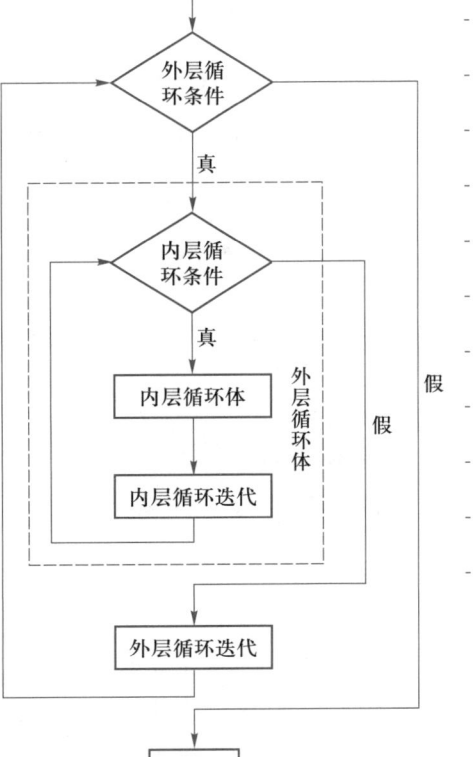

图 11-2 循环嵌套的执行过程

循环，秒针的转动比作内循环。假设外层循环条件判断为真、内层循环条件判断为真时，执行内部循环体，也就是秒针开始转动，每转动一次就是一次循环迭代，直到转到 60 次后，则跳出内循环，执行外循环，这时候分针转动一格。外部和内部循环一直迭代下去。

【示例 11-1】认识循环嵌套，代码如下：

```
for i in range(0, 60):
    for j in range(1, 61):
        print('现在的分针数是 :', i, ' 秒数是 :', j)
    print('现在的分针数是 :', i + 1)
```

运行代码，结果如图 11-3 所示。

```
现在的分针数是：  0  秒数是：  1
现在的分针数是：  0  秒数是：  2
现在的分针数是：  0  秒数是：  3
现在的分针数是：  0  秒数是：  4
现在的分针数是：  0  秒数是：  5
现在的分针数是：  0  秒数是：  6
现在的分针数是：  0  秒数是：  7
                        ......
现在的分针数是：  59  秒数是：  53
现在的分针数是：  59  秒数是：  54
现在的分针数是：  59  秒数是：  55
现在的分针数是：  59  秒数是：  56
现在的分针数是：  59  秒数是：  57
现在的分针数是：  59  秒数是：  58
现在的分针数是：  59  秒数是：  59
现在的分针数是：  59  秒数是：  60
现在的分针数是：  60
```

图 11-3　【示例 11-1】运行结果

　　for 循环的嵌套如图 11-4 所示。以上代码是运用了 for 循环的嵌套，展示了分针和秒针的关系，如果要加入时针，那需要再嵌套一层 for 循环。

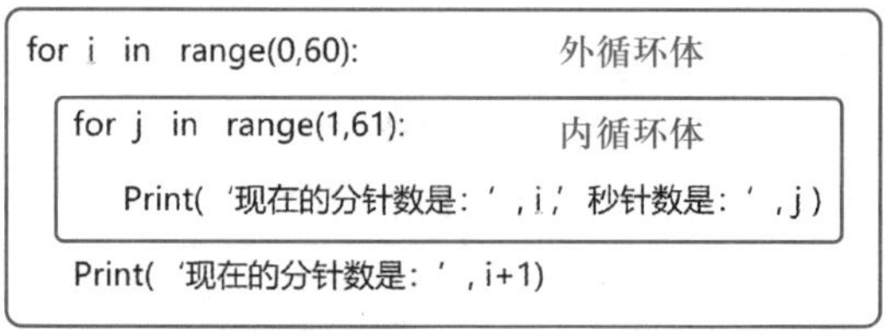

```
for i  in  range(0,60):              外循环体
    for j  in  range(1,61):          内循环体
        Print（'现在的分针数是：'，i，'秒针数是：'，j）
    Print（'现在的分针数是：'，i+1）
```

图 11-4　for 循环的嵌套

【示例 11-2】while 实现循环嵌套，使用星星符号输出一个直角三角形，代码如下：

```
i = 1
while i < 10:
    j = 1
    while j <= i:
            print('*',end = '')
            j += 1
    i += 1
    print( )
```

运行代码，结果如图 11-5 所示。

```
*
**
***
****
*****
******
*******
********
*********
```

图 11-5　【示例 11-2】运行结果

以上示例使用了 while 循环嵌套。首先，初始化变量，给变量 i 赋值为 1。然后进行条件判断，判断为真，进入条件执行体。接下来，我们就进入了内循环体，又一个 while 循环。给变量 j 赋值为 1（初始化变量）。条件判断为真时，执行 print 语句，语句中的 "end = ''" 的意思是不要进行换行，因为 print 语句是默认换行的，如果不设置 "end = ''"，输出的 * 会全部排成一列。然后改变变量，令 'j += 1'。当内部循环体条件为假时，则跳出内部循环，进行外部循环体执行。最后的 print 语句是用来换行的。

我们来解析一下上面的语句，当 i = 1 时，i < 10 为真，进入内循环体。j = 1，j <= i 为真，打印一个 *。执行 j += 1，则 j = 2，j <= i（i = 1）为假，跳出内循环体，执行外部循环体；令 i += 1，则 i = 2，i < 10 为真，进入内循环体。j = 1，j <= i 为真，换行输出一个 *。执行 j += 1，则 j = 2，j <= i（i = 2）为真，与前面的 * 并排再输出一个 *。执行 j += 1，则 j = 3，j <= i（i = 2）为假，跳出内循环体，执行外部循环体；令 i += 1，则 i = 3，i < 10 为真，进入内循环体。j = 1，j <= i 为真，换行输出一个 *。执行 j += 1，则 j = 2，j <= i（i = 3）为真，与前面的 * 并排再输出一个 *。执行

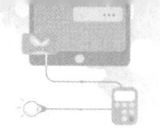

j+=1，则 j=3，j<=i（i=3）为真，与前面的 * 并排再输出一个 *。执行 j+=1，则 j=4，j<=i（i=3）为假，跳出内循环体，执行外部循环体。以此类推，就可以用星号输出一个直角三角形。

循环嵌套的内容对初学者来说，理解起来有点困难。我们需要亲自写代码去理解其中的执行原理。在开发环境中可以通过 Debug 中的 step 按钮，查看程序是怎样一行一行运行的。查看程序运行界面如图 11-6 所示。

图 11-6　查看程序运行界面

11.3 循环嵌套中的提前跳转和跳出循环

在循环嵌套中如要提前结束循环，比如使 for 循环中断计数，或者使 while 循环停止判断条件，可以采用两种方法：用 continue 语句直接跳到循环的下一次迭代，或者用 break 语句彻底终止循环。

11.3.1　提前跳转——continue 语句

如果想停止当前的迭代循环，提前跳到下一次迭代循环，可以使用 continue 语句。为了说明这一点，我们在【示例 11-1】上做一些改动。

【示例 11-3】认识 continue 函数，代码如下：

```
for i in range(0, 60):
    for j in range(1, 61):
        if j == 30:
            continue
        print('现在的分针是 :', i, '秒数是 :', j)
    print('现在的分针数是 :', i+1)
```

微课：循环
中的暂停和
跳出

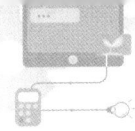

运行代码，结果如图 11-7 所示。

现在的分针是	： 0	秒数是	： 25
现在的分针是	： 0	秒数是	： 26
现在的分针是	： 0	秒数是	： 27
现在的分针是	： 0	秒数是	： 28
现在的分针是	： 0	秒数是	： 29
现在的分针是	： 0	秒数是	： 31
现在的分针是	： 0	秒数是	： 32
现在的分针是	： 0	秒数是	： 33
现在的分针是	： 0	秒数是	： 34

图 11-7 【示例 11-3】运行结果

以上示例代码是在【示例 11-1】代码基础上，加入了两行语句改编而成，由运行结果可知，秒数 30 没有了，图 11-7 未展示全部的运行结果，其后面的运行内容也是，所有秒数中都没有 30，这是怎么回事呢？原因是我们在原有的内循环体中加入了 if 控制语句，来作为是否要进行跳转的判断条件。当 j 等于 30 时，条件为真，执行 continue 语句，不执行 print 语句，直接跳转到第二条代码。当 j 不等于 30 时，条件为假，不执行 continue，执行下面的 print 语句，输出具体内容。continue 语句运行流程如图 11-8 所示。

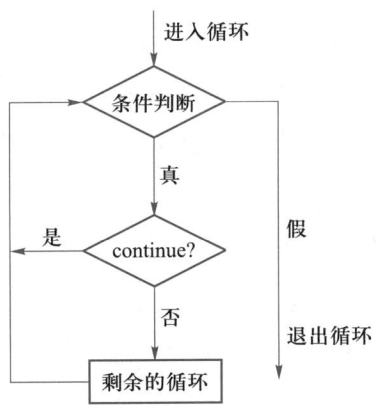

图 11-8　continue 语句运行流程

通过以上示例可知，当条件满足时，continue 会使程序跳过当前语句，直接执行后面的语句。那如果要直接跳出整个循环，不执行后面的语句，该怎么操作呢？这就需要使用 break 语句。

11.3.2　跳出循环——break 语句

如果想彻底跳出循环，不再完成循环计数，或者不再判断循环条件，可以使用 break 语句。

161

【示例 11-4】对内循环运用 break 语句，把【示例 11-3】中第四行的 continue 语句换成 break 语句，代码如下：

```
for i in range(0, 60):
    for j in range(1, 61):
        if j == 30:
            break
        print('现在的分针是 :', i, ' 秒数是 :', j)
    print('现在的分针数是 :', i+1)
```

运行代码，结果如图 11-9 所示。

```
现在的分针数是：  0  秒数是：  27
现在的分针数是：  0  秒数是：  28
现在的分针数是：  0  秒数是：  29
现在的分针数是：  1      ⬅
现在的分针数是：  1  秒数是：  1
现在的分针数是：  1  秒数是：  2
现在的分针数是：  1  秒数是：  3
现在的分针数是：  1  秒数是：  4
```

图 11-9 【示例 11-4】运行结果

由图 11-9 可知，秒数不只是跳过 30，而是 30 后面的数值也都没有了，直接终止了该次内循环。后面的内容同理，每当运行到秒数 30 的时候，直接跳出内循环，开始外循环的执行。以上是对内循环运用 break 语句所产生的效果，接下来对外循环体运用 break 语句看一下是什么效果。

【示例 11-5】对外循环运用 break 语句，代码如下：

```
i = 1
while i < 10:
    j = 1
    while j <= i:
        print('*', end = '')
        j += 1
    i += 1
    if i == 5:
        break
    print()
```

运行代码，结果如图 11-10 所示。

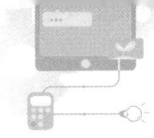

```
*
**
***
****
```

图 11-10 【示例 11-5】运行结果

以上示例是在【示例 11-2】的基础上改编的，当 i 等于 5 时，条件为真，执行 break 语句，跳出循环，此时的循环是外循环，所以整个程序终止，只输出 4 行星号。break 语句运行流程如图 11-11 所示。

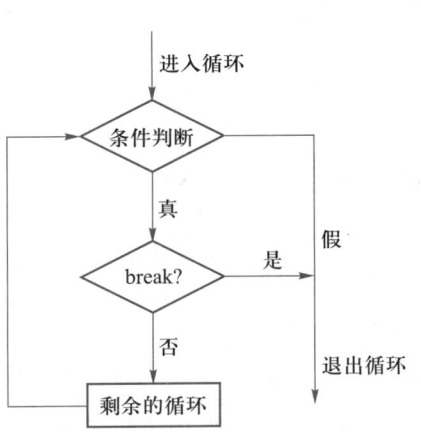

图 11-11　break 语句运行流程

小　结

我们将 continue 语句与 break 语句用一个例子来总结。continue 语句：原计划在操场跑 30 圈，跑到第 2 圈，遇到朋友，聊了会儿天。朋友走后，又重新回到起点，开始跑第三圈。break 语句：原计划在操场跑 30 圈，跑到第 2 圈，遇到朋友，和朋友一起玩耍，于是不跑了。这样是不是更好理解了呢？

11.4 财务中的循环嵌套

11.4.1　现金折扣下应收账款的计算

【示例 11-6】循环嵌套在财务中的运用。A 公司本月应收账款为 4 笔，金额分别为 80 000 元、100 000 元、120 000 元和 150 000 元，现金折扣条件为 2/10，

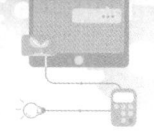

1/20，n/30。请计算四笔应收账款不同收款期实收金额是多少？代码如下：

```
rece = [80000, 100000, 120000, 150000]
for i in rece:
    j = 1
    while j < 31:
        if j <= 10:
            print('应收账款为 %i' % i, '收款期 %i 天之内 , 收款金额为 :' % j, i-0.02*i)
        elif j <= 20:
            print('应收账款为 %i' % i, ' 收款期 %i 天之内 , 收款金额为 :' % j, i-0.01*i)
        else:
            print('应收账款为 %i' % i, ' 收款期 %i 天之内 , 收款金额为 :' % j, i)
        j += 1
```

运行代码，结果如图 11-12 所示。

```
应收账款为80000 收款期1天之内,收款金额为：  78400.0
应收账款为80000 收款期2天之内,收款金额为：  78400.0
应收账款为80000 收款期3天之内,收款金额为：  78400.0
应收账款为80000 收款期4天之内,收款金额为：  78400.0
应收账款为80000 收款期5天之内,收款金额为：  78400.0
应收账款为80000 收款期6天之内,收款金额为：  78400.0
应收账款为80000 收款期7天之内,收款金额为：  78400.0
应收账款为80000 收款期8天之内,收款金额为：  78400.0
应收账款为80000 收款期9天之内,收款金额为：  78400.0
应收账款为80000 收款期10天之内,收款金额为：  78400.0
应收账款为80000 收款期11天之内,收款金额为：  79200.0
应收账款为80000 收款期12天之内,收款金额为：  79200.0
应收账款为80000 收款期13天之内,收款金额为：  79200.0
应收账款为80000 收款期14天之内,收款金额为：  79200.0
应收账款为80000 收款期15天之内,收款金额为：  79200.0
```

图 11-12 【示例 11-6】运行结果

以上示例中，将四笔应收账款的金额放入一个列表中，将列表赋值给变量 rece。接下来，应用 for 循环语句，用来取出列表中的每一个数值，首先取到的是 80 000，然后进入内循环中，j = 1 的作用是对 while 循环进行初始化变量的操作，条件判断 j < 31 为真，开始执行下面的语句。在 while 语句下嵌套了一个 if 控制语句，用来进行条件判断。当 j <= 10（j 代表的是题目中的收款期）为真时，执行下面的 print 语句；j <= 10 为假时，判断 elif 语句，j <= 20 为真时，执行下面的 print 语句；j <= 20 为假时，执行 else 下面的语句。

最后，改变变量，令 j += 1，也就是 j = 2 继续上面的 while 循环，直到 j = 31 时，不满足 j < 31 的条件，则跳出内循环，继续进行外循环的取值。最终，得到了四笔应收账款不同账期、不同折扣下的实际收款金额。

11.4.2 现值的计算

【示例 11-7】循环嵌套实战。小金自从购入了理财产品后，迷上了理财知识，尤其是货币的时间价值，他想了解在不同的折现率下某理财产品的现值。请利用Python 来帮他算一下。

代码如下：

```python
money = int(input('请输入折现金额 :'))
for i in range(1, 10):
    for j in range(1, 6):
        PV = money/(1 + j*0.01)**i
        print('第 %i 年 ' % i, ' 折现率为 %i' % j, '%', '折现金额为 :', '%.4f 元 ' % PV)
```

运行代码，输入折现金额 100，再按回车键，运行结果如图 11-13 所示。

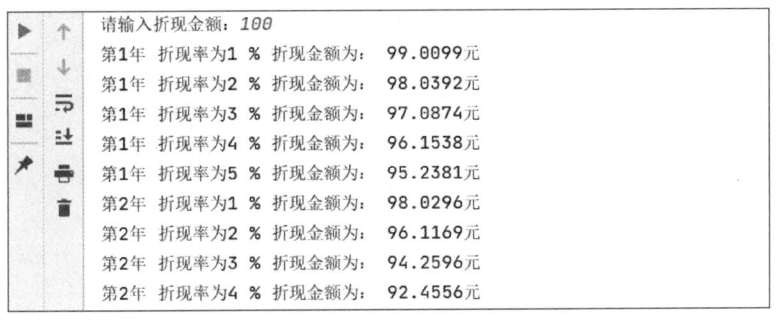

```
请输入折现金额：100
第1年  折现率为1 %  折现金额为：   99.0099元
第1年  折现率为2 %  折现金额为：   98.0392元
第1年  折现率为3 %  折现金额为：   97.0874元
第1年  折现率为4 %  折现金额为：   96.1538元
第1年  折现率为5 %  折现金额为：   95.2381元
第2年  折现率为1 %  折现金额为：   98.0296元
第2年  折现率为2 %  折现金额为：   96.1169元
第2年  折现率为3 %  折现金额为：   94.2596元
第2年  折现率为4 %  折现金额为：   92.4556元
```

图 11-13　【示例 11-7】运行结果

以上示例运用了 for 循环的嵌套。第一行代码运用 input( ) 函数输入一个折现金额，使用 int( ) 函数是因为后面要进行计算，所以这里要求输入的是整数。内循环中，将折现金额的计算公式赋值给了变量 PV，PV = 折现金额 = 未来金额 ÷（1 + 折现率）^{n}，n 为折现期数。

这里总结一下循环嵌套代码编写过程中会遇到的问题：

在 Python 中，循环嵌套是通过语句的缩进位置来分辨哪些是内层循环的语句，哪些是外层循环的语句。因此书写时，要注意语句缩进的位置，不同的缩进，程序相差很大。如图 11-14 所示，第 1 段程序的内层循环有 1 个输出语句，第 2 段程序的内层循环有 2 个输出语句，程序运行结果完全不同。不同的运行结果如图 11-15 所示。

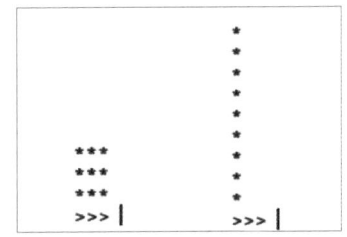

```
for i in range(1,4):        for i in range(1,4):
同 ⌠for j in range(1,4):       for j in range(1,4):
层 ⎨    print("*",end='')    同 ⌠print("*",end='')
次 ⌡print()                  层 ⎨print()
                            次 ⌡
```

图 11-14　不同的缩进的程序代码

```
                    *
                    *
                    *
                    *
                    *
                    *
***                 *
***                 *
***                 *
>>> |               >>> |
```

图 11-15　不同的运行结果

165

　　针对嵌套循环，我们可以用 Raptor 编写一个九九乘法表。此时我们需要使用两个 Loop 组件，还需要设计最后呈现效果的格式来设计流程图，流程图和运行结果如图 11-16 和图 11-17 所示。

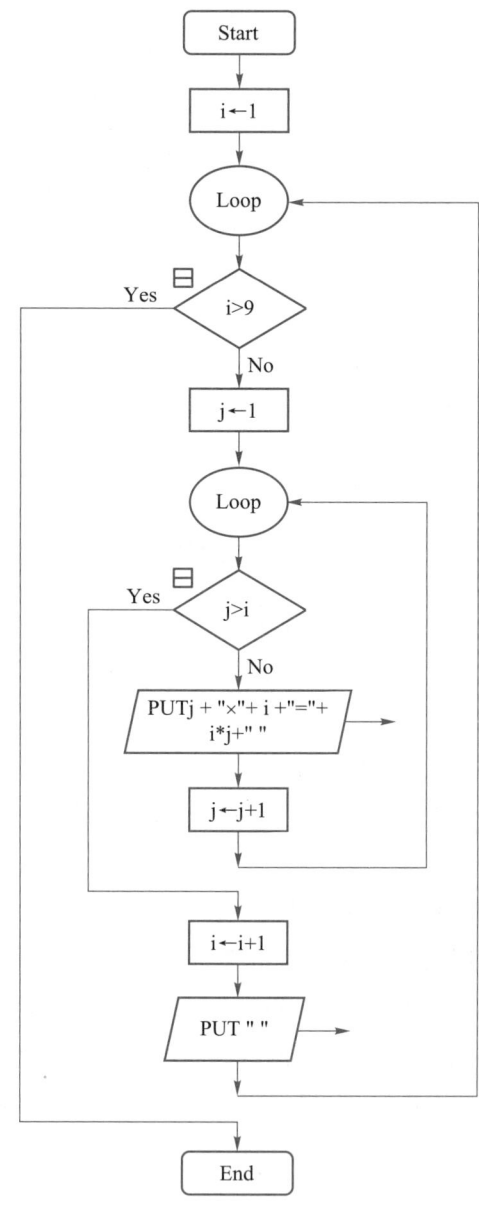

图 11-16　九九乘法表的 Raptor 流程图

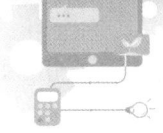

```
MasterConsole
Font  Font Size  Edit  Help
1×1=1
1×2=2  2×2=4
1×3=3  2×3=6   3×3=9
1×4=4  2×4=8   3×4=12  4×4=16
1×5=5  2×5=10  3×5=15  4×5=20  5×5=25
1×6=6  2×6=12  3×6=18  4×6=24  5×6=30  6×6=36
1×7=7  2×7=14  3×7=21  4×7=28  5×7=35  6×7=42  7×7=49
1×8=8  2×8=16  3×8=24  4×8=32  5×8=40  6×8=48  7×8=56  8×8=64
1×9=9  2×9=18  3×9=27  4×9=36  5×9=45  6×9=54  7×9=63  8×9=72  9×9=81
----Run complete.  248 symbols evaluated.----
```

图 11-17　九九乘法表的 Raptor 程序运行结果

🔧 知行合一

"好好学习，天天向上"是激励一代代中国人奋发图强的经典语录。设能力值基数为 1，请用 Python 计算在以下四种情况下一年后能力值为多少，体会"天天向上的力量"。

（1）一年 365 天，当好好学习一天时，能力值相比前一天提高 1‰；当休息时，能力值相比前一天下降 1‰。一年中每天都学习和每天都休息，一年后能力值分别为多少？一年下来的能力值相差多少呢？

（2）一年 365 天，如果好好学习时能力值比前一天提高 5‰，休息时相比前一天下降 5‰。一年中每天都学习和每天都休息，一年后能力值分别为多少？

（3）一年 365 天，如果好好学习时能力值相比前一天提高 1%，当休息时，相比前一天下降 1%。一年中每天都学习和每天都休息，一年后能力值分别为多少？

（4）一年 365 天，一周 5 个工作日，如果每个工作日都很努力，可以提高 1%，仅在周末 2 天休息一下，能力值下降 1%。一年后能力值为多少？

结果如表 11-1 所示。

表 11-1　天天向上的力量

每天学习	能力值（向上）	每天休息	能力值（向下）
1‰	1.44	−1‰	0.69
5‰	6.17	−5‰	0.16
1%	37.78	−1%	0.03
工作日每天努力，能力值提高 1%，周末休息，能力值下降 1%		向上 5 天、向下 2 天的力量：4.63	

167

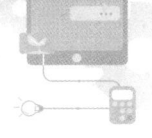

思考与总结：就像在 Python 循环中一样，每天值增加一点，换算成知识，每天知识都增加一点，一年下去知识量又会累计许多。在当今快节奏时代中，我们新青年要沉淀下来，一步一个脚印，坚持守正创新，守责敬业，努力做国家栋梁之材。

 总　结 ▶▶▶

本章介绍了 break、continue 语句，以及复杂的嵌套循环，通过学习本章内容，掌握如何用 Python 进行循环写作。需要注意的是，在循环嵌套当中应注意代码缩进的格式。

第 11 章
交互式自测

🖊 课后练习 ▶▶▶

一、填空题

1. range( ) 函数默认起始值为_____。

2. while 函数用于_____的循环。

3. _____函数为退出当前循环结构。

4. 嵌套循环为外层循环执行_____，内层循环执行_____。

二、实战题

1. 求 1~100 之间的偶数和（提示：用 while 函数）。

2. 制作出九九乘法表。

第 12 章
财务中的固定流程重复调用
——函数与参数传递

12

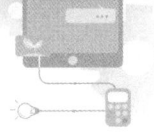
 学习目标 >>>

知识目标
1. 了解函数的基本概念和使用方法。
2. 了解将函数封装成可以随时调用模块的便捷编程方法。

技能目标
1. 能够通过自定义函数解决现实项目中出现的问题，实现代码的复用，提高工作效率。
2. 能够理解函数参数传递的原理和方式，将参数传递熟练运用到函数的定义和调用中。

素养目标
1. 培养模块化处理问题的思考方式。
2. 培养有组织、条块化安排自己的生活和学习的能力。

逻辑维度目标
1. 理解函数是一种可以反复调用的模块。
2. 理解计算机程序是如何调用模块，以及模块之间参数传递的逻辑关系。

 思维导图 >>>

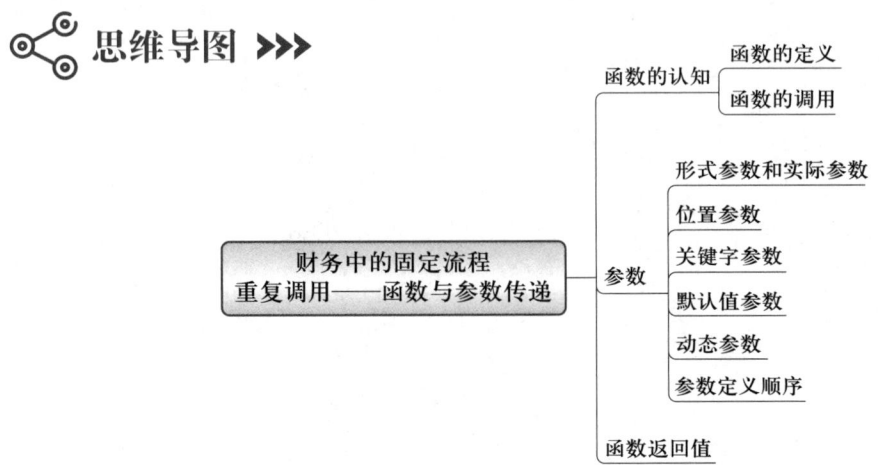

12.1 函数的认知

12.1.1 函数的定义

积木（见图 12-1）玩得多了，我们会发现拼的许多东西都有相同的组成部分，比如不管拼几层楼房，都得有墙壁和地板。那么，就不需要花费太多的力气把积木全都拆成最小的单位，可以保留这些墙壁和地板以重复使用。Python 也像玩积木一样，可以把一些常用的小程序保存起来，并且起一个好记的名字，以供将来重复使用，这种小程序称为"函数"。通常一个函数只能实现单一的功能。

图 12-1 积木

其实对于函数我们并不陌生，在之前的内容中，我们已经不知不觉地使用了许多 Python 的内置函数。所谓内置函数，就是 Python 已经事先创建好的，可以直接拿来使用的函数，比如我们前面讲到的 print( ) 函数和 input( ) 函数。

在 Python 中，如果经常重复使用一些代码，可以把它们创建为一个函数，这可以大大减少编程工作量。用户创建的函数叫作自定义函数。定义函数时要使用 def 关键字，格式如图 12-2 所示。

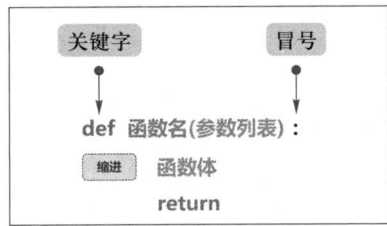

图 12-2 自定义函数格式

171

说明如下：

（1）def 关键字的意思为定义（define）。函数名就是函数的标识，遵循标识符的命名规则。

（2）函数名后面圆括号中间的部分为参数，因为可以使用不止一个参数，也可以不使用参数，所以称其为参数列表，多个参数之间用逗号隔开。

（3）函数体就是每次函数被调用时要执行的一段程序。函数体的内容为该函数的逻辑代码，内容根据具体情况编写。

（4）return 语句：函数结束的标志，返回函数的处理结果。若函数没有返回值，可以省略不写。

（5）在创建函数的过程中可以用单三引号做注释，对函数的功能以及参数进行具体的说明解释。

举一个简单有趣的小例子，同学们可以很快发现函数的魅力。

【示例 12-1】自定义一个计算长方形面积的函数，代码如下：

```python
def area(length, width):                    # length = 长，width = 宽
    a = length*width
    return a
```

【示例 12-1】自定义了一个函数，函数名为 area，参数为 length 和 width，函数体为计算 length 和 width 的乘积并将结果赋值给变量 a，然后 return 返回 a 的值。

【示例 12-2】根据 Excel 文件里已有的话术，自动生成一个检讨书。每次运行这段代码，生成的检讨书内容就会不同。代码如下：

```python
import random
import xlrd
def jiantaoshu( ):
    ExcelFile = xlrd.open_workbook('test.xlsx')
    sheet = ExcelFile.sheet_by_name('Sheet1')
    i = []
    x = input("请输入具体事件 :")
    y = int(input("老师要求的字数 :"))
    while len(str(i)) < y*1.1:
        s = random.randint(1,10)
        rows = sheet.row_values(s)
        i.append(*rows)
    print(" "*8+" 检讨书 "+"\n"+" 老师 :")
```

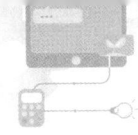

```
    print("我不应该"+str(x)+",",*i)
    print("再次请老师原谅 !")
jiantaoshu( )
```

运行代码结果如下：

检讨书

老师：

我不应该玩网游，我没有把老师的话放在心上，没有重视学校颁布的重要事项，

再次请老师原谅！

学会上面的这一部分就可以根据自己的需求去创建函数了。创建函数只是将函数的功能编写好放在这里，并没有实现函数功能的运行，那么如何才能让创建好的函数运行起来帮我们实现具体的功能呢？

12.1.2 函数的调用

如果需要使用函数发挥作用，需要调用该函数。

【示例 12-3】调用【示例 12-1】中的函数，计算长方形的面积，代码如下：

```
def area(length,width):              # length = 长 ,width = 宽
    a = length*width
    return a


b = area(20,40)                      # 调用函数
print('长方形的面积为', b)
```

运行代码，结果如图 12-3 所示。

长方形的面积为 800

图 12-3　长方形的面积

调用函数的方法很简单，在函数 area 中输入长和宽的数值，也就是参数 20 和 40，这一过程就叫作函数的调用。会执行函数体内的代码使用参数 20 和 40 去计算乘积，计算结果返回给变量 a，然后再将变量 a 的值赋值给 b，输出长方形的面积为 800。

以上就是函数创建和调用的基本方法。

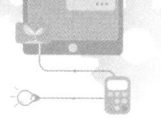

12.2 参数

定义函数的时候，函数名称后面必须带一个括号，主要作用是存放参数，那么参数是什么？参数有哪几种类型？参数的作用是什么？参数传递的原理是什么？本节将介绍这些内容。

首先需要明白一个原则，创建的函数如果不需要参数的传递，可以不设置参数。比如【示例 12-2】括号内不添加任何值，也没有结果的返回，仅实现输出的功能。

为了满足更多的需求，需要在函数名后面的括号里设置参数。参数的作用就是传递数据给函数使用，从而使函数利用接收的数据进行具体的操作处理。

12.2.1　形式参数和实际参数

在调用函数时，经常会用到形式参数和实际参数。那具体什么是形式参数和实际参数？二者之间的区别是什么呢？我们通过示例来理解一下。

【示例 12-4】创建函数计算资产负债表中的"货币资金"项目，并输出计算的结果。"货币资金"项目的计算公式如下：

货币资金（money）＝库存现金（cash_h）＋银行存款（cash_b）＋其他货币资金（o_money）

代码如下：

```
def cal_money(cash_h, cash_b, o_money):
    money = cash_h + cash_b + o_money
    print('货币资金 :', money)


cal_money(5000, 200000, 60000)
```

形式参数即在定义函数时，函数名后面括号中的参数。【示例 12-4】中 def cal_money 后面括号中的 cash_h、cash_b 和 o_money 就是形式参数。

实际参数即在调用一个函数时，函数名后面括号中的参数。【示例 12-4】中 cal_money 后面括号中的 5 000、200 000 和 60 000 就是实际参数。

形式参数相当于变量，形式参数只在函数内部有效。实际参数可以是常量、变量、表达式、函数。进行函数调用时，实际参数必须是确定的值。

函数体中的公式"money＝cash_h＋cash_b＋o_money"为计算原理；使用

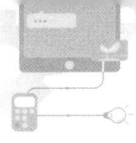

print() 函数将计算出的货币资金输出，此处无返回值。

运行代码，结果如图 12-4 所示。

```
货币资金: 265000
```

图 12-4 【示例 12-4】运行结果

12.2.2 位置参数

位置参数也称必备参数，是必须按照正确的顺序传到函数中的参数，即函数在调用时，实际参数的数量和位置，必须与定义时形式参数的数量和位置是对应的。

（1）位置形式参数：函数定义时，从左往右写的参数，比如【示例 12-4】中的 cash_h、cash_b、o_money。

（2）位置实际参数：函数调用时，从左往右写的参数，比如【示例 12-4】中的 5 000、200 000、60 000。

这里要注意，位置形式参数定义多少个，调用时位置实际参数必须写上多少个，位置形式参数个数与位置实际参数个数必须相同，不能多也不能少。

【示例 12-5】创建函数计算"销售毛利"项目，并将计算的值输出显示。"销售毛利"的计算公式如下：

销售毛利（g_profit）= 销售收入（s_revenue）- 销售成本（s_cost）

代码如下：

```
def g_profit(s_revenue, s_cost):
    profit = s_revenue − s_cost
    print('销售毛利 :', profit)


g_profit(50000, 20000)
```

运行代码，结果如图 12-5 所示。

```
销售毛利: 30000
```

图 12-5 【示例 12-5】运行结果

【示例 12-5】中，实际参数 50 000 和 20 000 就是位置参数，50 000 与 s_revenue 相对应，20 000 与 s_cost 相对应，参数的数量必须与定义时一致，即在调用函数时，指定的实际参数的数量必须与形式参数的数量一致，否则将出现 TypeError 异常，提示缺少必要的位置参数。或者虽然不报错，但是得到的结果与预期不一致，例如

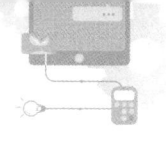

如果将实际参数写成 20 000 和 50 000，那么得到的结果是 −30 000。

12.2.3　关键字参数

在调用函数的时候，将每个参数名称后面赋予一个想要传入的值。这种以名称指定的参数被称作是关键字参数。

关键字参数是指使用形式参数的名字来确定输入的参数值。通过该方式指定实际参数时，不再需要与形式参数的顺序完全一致。只要将参数名写正确即可。这样可以避免用户需要牢记参数位置的麻烦，使得函数的调用和参数传递更加灵活方便。

【示例 12-6】调用【示例 12-5】定义的函数，计算销售毛利，代码如下：

```
def g_profit(s_revenue, s_cost):
    profit = s_revenue − s_cost
    print('销售毛利 :', profit)


g_profit(s_cost = 20000, s_revenue = 50000)
```

运行代码，结果如图 12-6 所示。

销售毛利: 30000

图 12-6　【示例 12-6】运行结果

从上面的结果中可以看出，虽然在指定实际参数时，顺序与定义函数时的顺序不一致，但是运行结果与预期是一致的。

12.2.4　默认值参数

有时候在调用函数时，没有传递任何实际参数而函数也可以正常运作。这是因为在定义该函数时设置了默认值参数。给一个参数设定默认值非常简单，我们只需要在定义函数时，给参数赋值即可。调用时如果没有给该参数重新赋值，调用的函数就会使用这个默认值。

【示例 12-7】计算销售毛利，代码如下：

```
def g_profit(s_revenue, s_cost = 20000):
    profit = s_revenue − s_cost
    print('销售毛利 :', profit)


g_profit(50000)
```

运行代码，结果如图 12-7 所示。

微课:【示例
12-7】讲解

销售毛利: 30000

图 12-7 【示例 12-7】运行结果

从以上示例可知，在调用函数时对 s_revenue 赋值 50 000，没有对 s_cost 赋值，在输出结果中使用了函数定义时的默认值。如果对 s_cost 重新赋值，最后输出的结果会使用哪个值呢？

【示例 12-8】计算销售毛利，代码如下：

```python
def g_profit(s_revenue, s_cost = 20000):
    profit = s_revenue − s_cost
    print('销售毛利 :', profit)


g_profit(50000, 30000)
```

运行代码，结果如图 12-8 所示。

销售毛利: 20000

图 12-8 【示例 12-8】运行结果

由运行结果可知，执行结果使用的是传入的参数。由此得知：当对默认参数传值时，函数执行时调用的是传入的值。

12.2.5 动态参数

动态参数就是调用函数时传入的参数的个数可以是变化的，可以是 1 个、2 个或任意个，还可以是 0 个。在不需要的时候，完全可以忽略动态参数，不用给它传递任何值。

Python 的动态参数有两种，分别是 *args 和 **kwargs，这里面的关键是一个和两个星号的区别，而不是 args 和 kwargs 在名字上的区别，动态参数还可以使用 *any 或 **whatever 的方式，但通常默认都使用 *args 和 **kwargs。设置动态参数的基本语法如下：

```python
def func(name, age, sex = 'male', *args, **kwargs):
    pass
```

当函数中以列表或者元组的形式传递参数时，使用 *args；当传入字典形式的参数时，就要使用 **kwargs。需要注意的是，动态参数必须放在所有的位置参数和默认参数后面。

1. *args

一个星号表示接收任意多个参数。在调用时，会将实际参数打包成一个元组传入形式参数。如果参数是个列表，会将整个列表当作一个参数传入。

【示例 12-9】使用 *args 方式传入参数，代码如下：

```
def example_1(*args):
    for i in args:
        print(i)


example_1({'财务': '基础'}, 'abc', 'Python',[1,2,3])
```

运行代码，结果如图 12-9 所示。

```
{'财务': '基础'}
abc
python
[1, 2, 3]
```

图 12-9　【示例 12-9】运行结果

从上面的运行结果可以看到分别输出了传入的每个参数。有时候我们传入一个列表，本意是希望将列表中的所有元素都当作参数传递进去，这里直接将 [1,2,3] 看作一个整体了。如何将它们分行输出？只需要在调用时前面加一个 * 号，就能实现将列表中的每个元素传递进去了。不仅是列表，任何序列类型数据对象，比如字符串、元组都可以通过这种方式将内部元素逐一作为参数，传递给函数。而字典则会将所有的 key 逐一传递进去。

【示例 12-10】

```
def example_2(*args):
    for i in args:
        print(i)


example_2(*[1, 2, 3])
```

运行代码，结果如图 12-10 所示。

```
1
2
3
```

图 12-10　【示例 12-10】运行结果

178

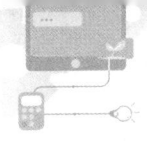

2. **kwargs

**kwargs 是将一个可变的关键字参数的字典传给函数作为实际参数，同样参数列表长度可以为 0 或其他值。

【示例 12-11】示例代码如下：

微课：【示例 12-11】讲解

```
def example_3(**kwargs):
    print(kwargs)


example_3(a = 20)
example_3(a = 46, b = 68, c = 89)
```

运行代码，结果如图 12-11 所示。

```
{'a': 20}
{'a': 46, 'b': 68, 'c': 89}
```

图 12-11 【示例 12-11】运行结果

由函数执行结果看到，可以使用两个"*"号，即使用"**"处理关键字参数。这种形式表示接收任意多个类似关键字参数一样显示赋值的实际参数，并将其放到一个字典中。示例中，我们将多个关键字实际参数传递给形式参数 **kwargs，kwargs 将其放入字典中。

需要注意的是，在定义函数时，只能有一个参数前添加 * 号，且必须放在最后面，否则系统会报错。

12.2.6 参数定义顺序

在 Python 中定义函数可以使用位置参数、关键字参数、默认参数和动态参数，这 4 种参数可以组合使用。函数定义时，从左往右的顺序为：

位置形式参数 >*args> 关键字参数 >**kwargs

因为函数调用时给的实际参数满足了位置形式参数、默认参数之后，会把多余的位置实际参数给 args，所以也可以按照下面的顺序。但是 **kwargs 必须在 *args 后面，默认参数必须在位置形式参数后面，顺序为：

位置形式参数 > 默认参数 >*args>**kwargs

【示例 12-12】示例代码如下：

```
def example_4(a,*b,c,**e):      #位置参数 ->*args-> 关键字参数 ->**kwargs
    print(a,b,c,e)


example_4(10,20,30,40,c = 50,f = 18,m = 30,r = 20)
```

微课：【示例 12-12】讲解

179

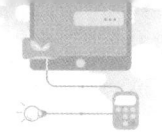

运行代码，结果如图 12-12 所示。

```
10 (20, 30, 40) 50 {'f': 18, 'm': 30, 'r': 20}
```

图 12-12 【示例 12-12】运行结果

【示例 12-12】使用了组合参数，由代码运行结果看到，在调用函数时，Python 解释器会自动按照参数位置和参数名把对应的参数传进去。

🔧 **知行合一**

参数传递是函数之间协作的基础，类似于团队成员之间的协作。在函数调用中正确传递参数，确保信息的准确无误，这与财务团队成员之间准确沟通和协作的重要性相似。无论是在编程还是在财务工作中，有效的沟通和协作都是成功的关键。在 Python 函数参数的选取过程中，每个参数都起一定的作用。选择 Python 函数中的参数处理实际问题时，也要注意一定要解决好关键因素的确定问题，把握住关键，就能掌握解决问题的大方向，少走弯路。

12.3 / 函数返回值

使用 return 语句返回函数的执行结果。返回结果可以是任意的数据类型，或者是另一个函数。当需要将计算结果返回时，只需要增加一个 return 语句就可以实现。

【示例 12-13】使用 return 语句返回函数的执行结果，代码如下：

```python
def example_4( 所有者权益 = 0, 实收资本 = 0, 资本公积 = 0, 盈余公积 = 0, 未分配利润 = 0):
    所有者权益合计 = 所有者权益 + 实收资本 + 资本公积 + 盈余公积 + 未分配利润
    return 所有者权益合计

dict01 = {'所有者权益': 80, '实收资本': 65, '盈余公积': 25, '未分配利润': 32}
result = example_4(**dict01)
print("计算得出的所有者权益合计为 :", result)
```

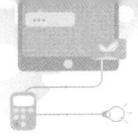

```
print(result)
```

运行代码，结果如图 12-13 所示。

```
计算得出的所有者权益合计为：  202
202
```

图 12-13 【示例 12-13】运行结果

小知识

1. return 后有语句，表示退出函数，并将值返回到函数被调用的地方；

2. return 后没有语句，相当于返回 None；

3. 函数体中没有 return，相当于返回 None。

总　结 ▶▶▶

Python 自定义函数的语法简单，容易掌握，难点是函数体的逻辑代码。

参数传递看似抽象复杂，其实存在一定的规律，总结规律，牢记规律，对于后期的学习和运用都会有很大的帮助。

课后练习 ▶▶▶

一、填空题

1. return 后有语句表示_____，return 后没有语句表示_____。

2. 参数分为_____和_____，每一类参数又分别有几种形式_____。

3. 函数创建的语法为_____。

二、实战题

1. 现金流折现模型（价值评估）

模型：未来现金流量的现值 PV = $\sum$ [第 t 年预计未来现金流量 NCF/（1 + 折现率 R）^t]

假设：期数间隔为 1 年，现金流发生在年末。

要求：编写自定义函数，实现计算现值的功能。

2. 编写一个函数 cacluate，可以接收任意多个数，返回一个元组。元组的第一个值为所有参数的平均值，第二个值是大于平均值的所有数。

3. 编写一个名为 collatz( ) 的函数，它有一个名为 number 的参数，如果参数是

第 12 章
交互式自测

181

偶数，那么 collatz( ) 函数输出 number//2，如果 number 是奇数，collatz( ) 函数输出 3*number + 1。

4. 编写一个双倍余额递减法的函数 shuangbei( )，并运行 shuangbei(5)，看看第五年资产折旧后还剩多少？

第 13 章

pandas 数据分析基础

13

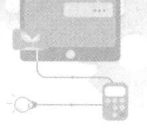

 学习目标 ▶▶▶

知识目标	1. 了解 pandas 核心功能。
	2. 掌握创建 Series 和 DataFrame 的方法。
	3. 掌握 pandas 库读取 Excel 文件的方法。
	4. 掌握 DataFrame 对象数据处理方法步骤。
技能目标	1. 能够安装 pandas 库。
	2. 能够通过导入 Excel 数据创建 DataFrame 对象。
	3. 能够利用 pandas 进行数据清洗和统计操作。
素养目标	1. 培养对数据的敏感度、关注度和运用能力。
	2. 培养跨学科能力，能运用 pandas 进行行业数据处理。
逻辑维度目标	1. 能够根据分析目标框定数据。
	2. 能够根据数据特征规划设计数据清洗和处理步骤。

 思维导图 ▶▶▶

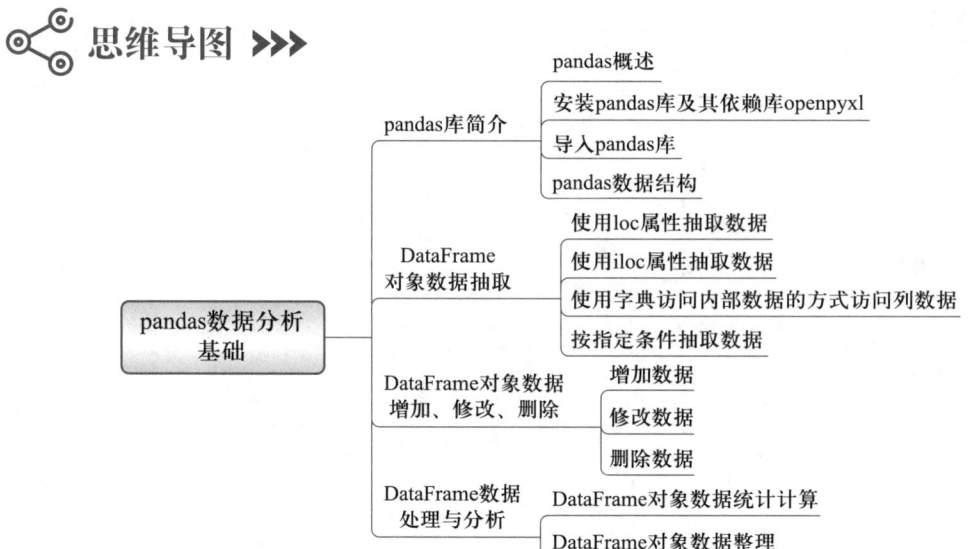

13.1
pandas 库简介

Python 中的库是一组预先编写好的模块或函数的集合，用来实现特定功能，其中 pandas 就是 Python 社区提供的专门用于数据处理与分析的第三方库。

13.1.1　pandas 概述

pandas 是一个强大的 Python 数据分析工具库，这个名字来源于面板数据（Panel Data）与数据分析（data analysis）这两个名词的组合。其核心数据结构有 Series 和 DataFrame；支持从 CSV、Excel、SQL 数据库、JSON 等多种数据源导入数据，主要用于数据清洗和预处理、数据探索和分析、时间序列分析等工作场景。

13.1.2　安装 pandas 及其依赖库 openpyxl

Python 第三方库需要下载安装后才能使用。由于默认源在某些地区下载速度较慢，容易出现网络问题，因此一般在下载安装前将源修改为国内镜像源。下面以清华镜像源为例，介绍 pandas 安装方法步骤。

1. 更改第三方库默认源为清华镜像源

在 C 盘（系统盘）根目录"用户"文件夹中，打开你的用户名的文件夹（每台计算机可能会不同），如图 13-1 所示。

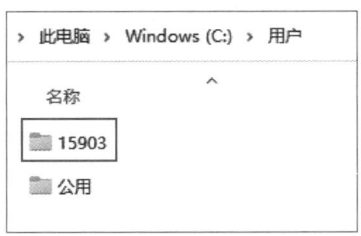

图 13-1　打开文件夹

在打开的文件夹中新建一个文件夹，命名为"pip"，如图 13-2 所示。

图 13-2　新建文件夹

185

打开创建的 pip 文件夹，在 pip 文件夹中新建一个文本文档，命名为"pip.ini"。如图 13-3 所示。

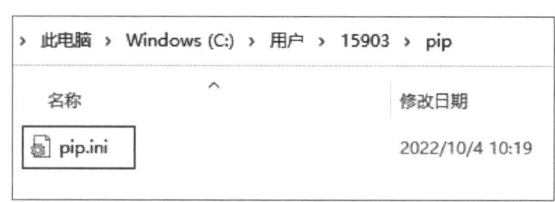

图 13-3　新建文本文档

打开 pip.ini 文件，输入下面内容后保存并关闭文档。

[global]

index-url = https://pypi.tuna.tsinghua.edu.cn/simple

2. 通过 pip 工具安装 pandas 库

在系统搜索框中输入"cmd"，单击"命令提示符"，打开"命令提示符"窗口，在命令提示符后输入安装命令：

pip install pandas

输入 pandas 安装命令界面如图 13-4 所示。运行命令，pandas 库安装完成。

图 13-4　输入安装命令界面

3. 通过 pip 工具安装 pandas 依赖库 openpyxl

当通过 pandas 读取或导出 excel 文件时，需要依赖库 openpyxl。在"命令提示符"窗口，命令提示符后输入安装命令：

pip install openpyxl

输入 openpyxl 安装命令界面如图 13-5 所示。运行命令，openpyxl 库安装完成。

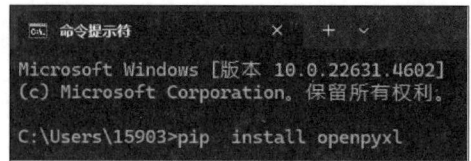

图 13-5　输入 openpyxl 安装命令界面

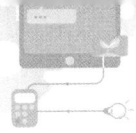

4. 关闭"命令提示符"窗口。

💬 **小知识**

在上述步骤中，如果出现 pip 版本较低需要升级的提示，可以在"命令提示符"窗口，命令提示符后输入运行下面命令进行升级：

python −m pip install −−upgrade pip

升级后，再安装 pandas 库和 openpyxl 库。

13.1.3 导入 pandas 库

pandas 作为第三方库必须导入后才能使用，导入库使用 import 语句。代码如下：

```
import pandas as pd
```

其中，import pandas 将 pandas 库导入到当前 Python 环境中，as pd 功能是给 pandas 库指定一个别名 pd，用于简化代码书写。

13.1.4 pandas 数据结构

pandas 主要用于处理表格类数据，其中比较重要的数据结构有 Series 和 DataFrame。

Series 结构类似一维数组，由一组数据以及与这组数据相关的索引组成。其中索引分为标签索引和位置索引两种，标签索引在创建 Series 对象时指定，如果创建时不指定，则默认生成位置索引，位置索引从 0 开始，依次递增 1。标签索引和位置索引如图 13-6 和图 13-7 所示：

张伟	3500
赵梓涵	2800
林涛	4200
陈佳依	1570
李思思	2280

标签索引　　数据

图 13-6　标签索引

0	3500
1	2800
2	4200
3	1570
4	2280

位置索引　　数据

图 13-7　位置索引

187

DataFrame 对象是一个二维数据结构，类似于 excel 表格，由数据、行索引和列索引构成。与 Series 类似，其索引也分为标签索引和位置索引两种。DataFrame 结构如图 13-8 所示。

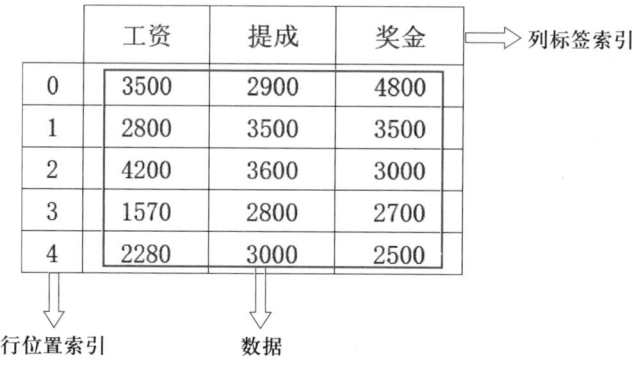

图 13-8 DataFrame 结构

1. 创建 Series 对象

创建 Series 对象，主要使用 pandas 的 Series 方法，基本语法格式如下：

变量名 = pd.Series(数据 , index=行标签索引)

其中，"index=行标签索引" 用于指定行标签索引，可以省略，当省略时，会自动生成位置索引。

（1）从列表创建 Series 对象。用列表创建 Series 对象，即数据以列表的形式出现。

【示例 13-1】用列表 [2600,5000,3800] 创建一个 Series 对象 s1，不指定行索引。

```
import pandas as pd
s1 = pd.Series([2600,5000,3800])
print(s1)
```

运行代码，结果如图 13-9 所示，可以看出其自动生成位置索引。

```
0    2600
1    5000
2    3800
```

图 13-9 【示例 13-1】运行结果

【示例 13-2】用列表 [2600,5000,3800] 创建一个 Series 对象 s2，指定行索引为 ['张三','李四','王五']。

```
import pandas as pd
s2 = pd.Series([2600,5000,3800],index=[' 张三 ',' 李四 ',' 王五 '])
```

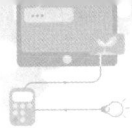

```
print(s2)
```

运行代码，结果如图 13-10 所示。

张三	2600
李四	5000
王五	3800

图 13-10 【示例 13-2】运行结果

（2）用字典创建 Series 对象。用字典创建 Series 对象时，不需要单独指定行标签索引，字典的键会自动识别为标签索引。

【示例 13-3】用字典 {'工资':5000,'奖金':1800,'提成':2200} 创建一个 Series 对象 s3。

```
import pandas as pd
s3 = pd.Series({' 工资 ':5000,' 奖金 ':1800,' 提成 ':2200})
print(s3)
```

运行代码，结果如图 13-11 所示。

工资	5000
奖金	1800
提成	2200

图 13-11 【示例 13-3】运行结果

2. Series 对象数据访问

访问 Series 对象数据可以通过索引实现，基本格式为：

变量名 [索引]

索引既可以用位置索引，也可以使用标签索引，并且索引支持切片的方式。

（1）通过位置索引访问数据。

【示例 13-4】输出 s1 的第一个数据。代码如下：

```
import pandas as pd
s1 = pd.Series([2600,5000,3800])
print(s1[0]) # 输出 s1 的第一个数据
```

第一个元素的位置索引为 0，通过索引访问输出，运行结果为 2600。

【示例 13-5】输出 s1 的前两个数据。

```
import pandas as pd
s1 = pd.Series([2600,5000,3800])
print(s1[:2])# 输出 s1 的前两个数据
```

运行代码，结果如图 13-12 所示。

```
0    2600
1    5000
```

图 13-12 【示例 13-5】运行结果

从代码和运行结果可以看出，位置索引切片书写方式与列表切片用法相同，省略起始索引，默认从 0 开始；结果包含了索引开始位置的数据，但不包含索引结束位置的数据。

【示例 13-6】输出 s1 的第一个和第三个数据。

当要访问的数据不连续时，将要访问数据的索引作为元素依次放在列表中即可。代码如下：

```
import pandas as pd
s1 = pd.Series([2600,5000,3800])
print(s1[[0,2]]) # 输出 s1 的第一个和第三个数据
```

运行代码，结果如图 13-13 所示。

```
0    2600
2    3800
```

图 13-13 【示例 13-6】运行结果

（2）通过标签索引访问数据。

【示例 13-7】输出 s2 的第二个数据。代码如下：

```
import pandas as pd
s2 = pd.Series([2600,5000,3800],index=[' 张三 ',' 李四 ',' 王五 '])
print(s2[' 李四 '])
```

运行代码，结果为 5000。

【示例 13-8】输出 s2 的前三个数据。代码如下：

```
import pandas as pd
s2 = pd.Series([2600,5000,3800],index=[' 张三 ',' 李四 ',' 王五 '])
print(s2[' 张三 ':' 王五 '])
```

运行代码，结果如图 13-14 所示。

注意，使用标签索引切片时与位置索引切片不同，结果既包含了索引开始位置的数据，也包含索引结束位置的数据。

```
张三    2600
李四    5000
王五    3800
```

图 13-14 【示例 13-8】运行结果

【示例 13-9】输出 s2 的第一个和第三个数据。代码如下：

```
import pandas as pd
s2 = pd.Series([2600,5000,3800],index=[' 张三 ',' 李四 ',' 王五 '])
print(s2[[' 张三 ',' 王五 ']])
```

运行代码，结果如图 13-15 所示：

```
张三    2600
王五    3800
```

图 13-15 【示例 13-9】运行结果

3. 创建 DataFrame 对象

创建 DataFrame 对象，主要使用 pandas 的 DataFrame 方法，基本语法格式如下：

变量名 = pd.DataFrame(数据 , index=行标签索引 ,columns=列标签索引)

其中，index=行标签索引用于指定行标签索引，columns=列标签索引用于指定列标签索引，两个都可以省略，当省略时，会自动生成位置索引。

（1）通过嵌套列表创建 DataFrame 对象，即创建时数据以嵌套列表的方式出现。

【示例 13-10】创建 DataFrame 对象，不指定行、列标签。代码如下：

```
import pandas as pd
data=[[3700,2300,1800],[4180,2500,1500],[2200,1300,1000]]
df1 = pd.DataFrame(data)
print(df1)
```

运行代码，结果如图 13-16 所示。

```
     0      1      2
0  3700   2300   1800
1  4180   2500   1500
2  2200   1300   1000
```

图 13-16 【示例 13-10】运行结果

从运行结果可以看出，当使用嵌套列表创建 DataFrame 对象时，列表的每个元

191

素生成一行数据。

【示例 13-11】创建 DataFrame 对象，指定行、列标签。代码如下：

```
import pandas as pd
data=[[3700,2300,1800],[4180,2500,1500],[2200,1300,1000]]
x=[' 张伟 ',' 李达 ',' 朱成 ']
y=[' 工资 ',' 奖金 ',' 提成 ']
df2 = pd.DataFrame(data,index=x,columns=y)
print(df2)
```

运行代码，输出结果如图 13-17 所示。

	工资	奖金	提成
张伟	3700	2300	1800
李达	4180	2500	1500
朱成	2200	1300	1000

图 13-17　【示例 13-11】运行结果

（2）通过字典创建 DataFrame 对象，即创建时数据以字典的方式出现。

【示例 13-12】通过字典创建 DataFrame 对象。代码如下：

```
import pandas as pd
data={' 工资 ':[3700,4180,2200],' 奖金 ':[2300,2500,1300],' 提成 ':[1800,1500,1000]}
x=[' 张伟 ',' 李达 ',' 朱成 ']
df3 = pd.DataFrame(data,index=x)
print(df3)
```

运行代码，结果如图 13-18 所示：

	工资	奖金	提成
张伟	3700	2300	1800
李达	4180	2500	1500
朱成	2200	1300	1000

图 13-18　【示例 13-12】运行结果

通过字典创建 DataFrame 对象时，字典每个元素的键对应一个列标签，值对应一列数据。

（3）通过读取 Excel 表格数据创建 DataFrame 对象。DataFrame 对象可以看作一个二维表格，可以通过 read_excel() 方法读取 Excel 表格数据生成一个 DataFrame 对象。基本格式如下：

pd.read_excel(io, sheet_name, header, index_col)

其中 io 是必填项，其余参数均可省略。各参数含义如表 13-1 所示。

192

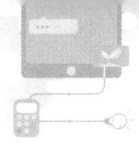

表 13-1 参 数 含 义

参数名称	含义
io	Excel 文件的存储路径
sheet_name	要读取的工作表名称
header	指定作为列标签的行，默认 0，即取第一行的值为列标签。
index_col	指定用做行索引的列，可以是工作表的列名称，如 index_col = ' 列名 '

【示例 13-13】在 "C:\pandas 数据分析基础" 存放一 Excel 文件 "员工工资表 .xlsx"，读取该文件中第一个工作表数据创建 DataFrame 对象。代码如下：

```
import pandas as pd
df4=pd.read_excel(r'C:\pandas 数据分析基础 \ 员工工资表 .xlsx')
print(df4)
```

注意，代码中 "r" 的作用是忽略路径中的转义字符，即不对 "\" 做特殊处理。

运行代码，结果如图 13-19 所示。

```
     姓名   部门    工资    提成    奖金
0    孙浩   财务   1500   750   700
1    周璇   销售   1200   600   500
2    吴梦迪  企划   2200   1200  800
3    郑欣欣  销售   1500   1000  600
4    王瑞   广告   1500   1200  600
5    李婷   财务   1350   1300  700
6    张大鹏  广告   1300   1000  500
7    刘欣   销售   1500   1200  500
8    陈晨   销售   1500   1100  2300
9    赵敏   后勤   1200   1500  1000
10   钱小伟  企划   1200   1200  800
11   孙楠   销售   1300   2000  1500
12   周丽丽  企划   1500   2400  1200
```

图 13-19 【示例 13-13】运行结果

从运行结果看出，默认情况下，pandas 读取 Excel 文件中第一个工作表的数据，并且把第一行作为列标签。

【示例 13-14】在 "C:\pandas 数据分析基础" 中存放一个 Excel 文件 "工资核算表 .xlsx"，读取该文件中 "工资明细" 工作表数据创建 DataFrame 对象，指定第 2 行为列标签，编号列为行标签。代码如下：

```
import pandas as pd
df5=pd.read_excel(r'C:\pandas 数据分析基础 \ 工资核算表 .xlsx',sheet_name=' 工资明细 ',header=1,index_col=' 编号 ')
print(df5)
```

运行代码，结果如图 13-20 所示。

编号	姓名	部门	岗位级别	性别	岗位工资	津贴	医保	房积金
JM001	李铭	销售部	初级	女	500	1128	30.40	100.10
JM002	王芳	财务部	初级	女	450	1077	28.50	83.00
JM003	张大伟	业务部	中级	男	550	1202	32.00	110.20
JM004	刘洋	设计部	中级	男	450	1079	28.50	83.50
JM005	陈思	开发部	高级	男	500	1109	29.10	101.00
JM006	赵晓露	财务部	中级	女	600	1188	32.50	112.20
JM007	钱程	设计部	中级	男	450	1093	29.50	103.20
JM008	孙悦悦	业务部	初级	男	450	1050	28.20	82.00
JM009	周杰	销售部	初级	男	550	1089	31.25	100.45
JM010	吴悠	销售部	初级	女	600	1121	31.60	103.30
JM011	郑洁	销售部	高级	女	600	1198	32.83	113.20
JM012	王梓	财务部	高级	男	500	1102	28.80	84.00
JM013	李竞	设计部	中级	男	600	1173	33.20	110.36
JM014	张晨	销售部	初级	女	450	1072	27.10	81.30
JM015	刘畅	设计部	初级	女	650	1186	35.20	118.30
JM016	陈若曦	业务部	高级	女	650	1192	35.80	118.60
JM017	赵宇	财务部	中级	男	550	1147	31.60	101.20
JM018	钱小雨	开发部	初级	男	550	1116	31.22	99.80

图 13-20　【示例 13-14】运行结果

13.2 DataFrame 对象数据抽取

在数据分析过程中，有时需要抽取部分数据作为分析对象，此时可以使用 DataFrame 对象中的 loc 和 iloc 属性实现。

13.2.1　使用 loc 属性抽取数据

loc 属性通过行、列标签索引来抽取数据，基本格式为：

df.loc[行标签索引, 列标签索引]

索引支持切片，即可以通过切片抽取连续的多行或多列数据，结果既包含索引开始位置的数据，也包含索引结束位置的数据。

1. loc 属性抽取整行数据

当抽取整行数据时，可以直接省略列标签，简写为 df.loc[行标签索引]。

【示例 13-15】读取"C:\pandas 数据分析基础 \ 员工工资表 .xlsx"数据，指定"姓名"列为行标签，抽取相应数据。代码如下：

```
import pandas as pd
df6=pd.read_excel(r'C:\pandas 数据分析基础 \ 员工工资表 .xlsx',index_col=' 姓名 ')
```

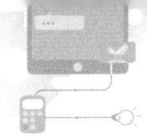

```
print(df6)
# 抽取指定的一行数据，抽取李婷的信息
print(df6.loc[' 李婷 '])
# 切片抽取连续多行，抽取从周璇到王瑞的信息
print(df6.loc[' 周璇 ':' 王瑞 '])
# 抽取不连续多行，索引以列表形式书写。抽取孙浩、刘欣和赵敏信息
print(df6.loc[[' 孙浩 ',' 刘欣 ',' 赵敏 ']])
```

运行代码，对照原表数据核对运行结果。

2. loc 属性抽取整列数据

当抽取整列数据时，可以用 ":" 代替行标签索引，基本格式为：loc[:, 列标签索引]。

【示例 13-16】从 df6 中，抽取相应列数据。代码如下：

```
# 索引抽取指定的一列数据，抽取部门列
print(df6.loc[:,' 部门 '])
# 切片抽取连续多列，包括首尾列，抽取工资列到奖金列数据
print(df6.loc[:,' 工资 ':' 奖金 '])
# 抽取不连续多列，索引以列表形式书写，抽取部门、工资、奖金三列
print(df6.loc[:,[' 部门 ',' 工资 ',' 奖金 ']])
# 抽取前 3 列
print(df6.loc[:,:' 提成 '])
```

运行代码，核对运行结果。

3. loc 属性抽取指定行、指定列数据

【示例 13-17】从 df6 中，抽取指定行、列的数据，行索引和列索引均支持切片，用法同上。代码如下：

```
print(df6.loc[' 刘欣 ',' 奖金 ']) # 以普通数字格式输出刘欣的奖金
print(df6.loc[:' 吴梦迪 ',' 工资 ':]) # 前三位员工的工资、提成和奖金
print(df6.loc[:' 吴梦迪 ',[' 部门 ',' 提成 ']]) # 前三位员工的部门和提成
# 周璇、王瑞、李婷三位员工的工资和奖金
print(df6.loc[[' 周璇 ',' 王瑞 ',' 李婷 '],[' 工资 ',' 奖金 ']])
```

运行代码，核对运行结果。

4. loc 属性根据指定条件数据

根据条件抽取数据，类似于 Excel 中的筛选操作。其基本格式为：df.loc[条件，列标签索引]，即将条件写在行标签索引位置即可。

【示例 13-18】从 df6 中，抽取满足条件的数据。代码如下：

```
# 抽取财务部工资信息
print(df6.loc[df6[' 部门 ']==' 财务 '])
# 抽取工资高于 1500 且奖金高于 800 的信息
print(df6.loc[(df6[' 工资 ']>=1500) & (df6[' 奖金 ']>800)])
# 抽取销售部工资和提成信息
print(df6.loc[df6[' 部门 ']==' 销售 ',' 工资 ':' 提成 '])
# 抽取财务和销售两个部门工资和奖金信息
print(df6.loc[(df6[' 部门 ']==' 财务 ')|(df6[' 部门 ']==' 销售 '),[' 工资 ',' 奖金 ']])
```

运行代码，核对运行结果。

上述代码条件中，"**&**"运算符表示逻辑与，"**|**"运算符表示逻辑或。

13.2.2　使用 iloc 属性抽取数据

通过 iloc 属性抽取数据时，只能使用位置索引，基本格式为：df.iloc[行位置索引 , 列位置索引]，索引支持切片。使用 iloc 属性切片时，结果包含索引开始位置的数据，但不包含索引结束位置的数据。DataFrame 对象位置索引号从 0 开始，依次递增 1。其余书写方式和 loc 属性抽取数据相同。

1. iloc 属性抽取整行数据

使用 iloc 属性抽取整行数据时，可以省略列位置索引，基本格式简化为：iloc[行位置索引]。

【示例 13-19】从 df6 中，抽取行数据。代码如下：

```
# 抽取第一行数据
print(df6.iloc[0])
# 切片抽取第 2-4 行数据
print(df6.iloc[1:4]) # 结果包含行索引号为 1 的数据，不包含行索引号为 4 的数据
# 抽取不连续多行，索引以列表形式书写
print(df6.iloc[[1,3,4]])
```

运行代码，核对运行结果。

2. iloc 属性抽取整列数据

使用 iloc 属性抽取整列数据时，行位置索引简写为"："，基本格式为 df.iloc[:, 列位置索引]。

【示例 13-20】从 df6 中，抽取列数据。代码如下：

```
# 抽取指定的一列数据：抽取部门列
print(df6.iloc[:,0])
# 切片抽取连续多列：抽取工资、提成、奖金列
```

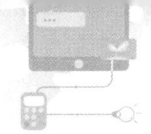

```
print(df6.iloc[:,1:])
#抽取不连续多列，索引以列表形式书写：抽取部门、工资、奖金三列
print(df6.iloc[:,[0,1,3]])
```

运行代码，核对运行结果。

3. iloc 属性抽取指定行、列数据。

【示例 13-21】从 df6 中，抽取指定行、列数据。代码如下：

```
#输出孙浩的奖金
print(df6.iloc[0,3])
#前三位员工的工资、提成和奖金
print(df6.iloc[:3,1:])
#前三位员工的部门和提成
print(df6.iloc[:3,[0,2]])
#孙浩、王瑞、张大鹏三位员工的工资和奖金
print(df6.iloc[[0,4,6],[1,3]])
```

运行代码，核对运行结果。

13.2.3　使用字典访问内部数据的方式访问列数据

前文介绍过，可以通过字典创建 DataFrame 对象。从创建结果可以看出，字典的每个元素相当于生成的 DataFrame 对象一列，其中字典的键是列标签，字典的值是该列数据，因此可以通过字典访问内部数据的方式访问 DataFrame 对象列数据。基本格式为：df[列标签索引]。

1. 抽取单独一列数据

【示例 13-22】从 df6 中，抽取工资列数据。代码如下：

```
print(df6[' 工资 '])
```

运行代码，核对运行结果。

2. 抽取所有列数据

抽取所有列数据时，可以将列标签索引简写为 ":"，即 df[:]。

【示例 13-23】从 df6 中，抽取全部列数据。代码如下：

```
print(df6[:])
```

运行代码，核对运行结果。

3. 抽取多列数据

抽取多列数据时，将多个列标签放入同一个列表中即可。

【示例 13-24】从 df6 中，抽取部门、工资、提成列的数据。代码如下：

```
print(df6[[' 部门 ',' 工资 ',' 提成 ']])
```

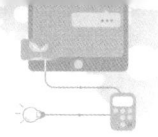

运行代码，核对运行结果。

13.3 ╱ DataFrame 对象数据增加、修改、删除

本节主要介绍 DataFrame 对象数据的增加、修改和删除操作。原始数据 df7 如图 13-21 所示。

	性别	工龄
张颖	女	15
孙涛	男	8
朱文	男	23

图 13-21　df7 原始数据

13.3.1　增加数据

1. 在最后增加一列

在最后增加一列，可以使用"df[列标签]=列值"的方式。

【示例 13-25】在 df7 最后添加一列"职称"，查看添加前后 df7 的值。代码如下：

```
import pandas as pd
d=[[' 女 ',15],[' 男 ',8],[' 男 ',23]]
df7=pd.DataFrame(data=d,index=[' 张颖 ',' 孙涛 ',' 朱文 '],columns=[' 性别 ',' 工龄 '])
print(df7)
df7[' 职称 ']=[' 副高 ',' 讲师 ',' 正高 ']
print(df7)
```

运行代码，查看运行结果，查看新增前后数据变化情况。

新增列的值也可以通过现有列数据计算得出。

【示例 13-26】在【示例 13-25】基础上，添加一列"工龄工资"，值为工龄乘以 50。

```
df7[' 工龄工资 ']=df7[' 工龄 ']*50
print(df7)
```

运行代码，查看运行结果。

2. 在指定位置插入列

在指定位置插入列可以使用 insert 方法，基本格式为：df.insert[插入位置的列索引号，列标签，列值]。

【示例 13-27】在【示例 13-26】基础上，在"职称"和"工龄工资"之间添加一列"福补"，值均为 40。

新增列位置在"职称"和"工龄工资"之间，索引号为 3，代码如下：

```
df7.insert(3,'福补',40)
print(df7)
```

运行代码，查看运行结果。

3. 增加行数据

增加行数据，主要使用 loc 属性实现。基本格式为：df.loc[行标签]=值。

【示例 13-28】在【示例 13-27】基础上，添加一名员工信息。各项值为，姓名：赵四，性别：男，工龄：3，职称：助教，福补：40，工龄工资：150。代码如下：

```
df7.loc[' 赵四 ']=[' 男 ',3,' 助教 ', 40, 150]
print(df7)
```

运行代码，查看运行结果。

13.3.2 修改数据

修改数据的本质可以看作是在抽取数据的基础上赋新的值。基本格式为：抽取数据=新值。

【示例 13-29】在【示例 13-28】基础上进行数据修改操作。代码如下：

```
# 将张颖的福补修改为 45
df7.loc[' 张颖 ',' 福补 ']=45
# 将赵四的工龄修改为 5，职称修改为 " 讲师 "
df7.loc[' 赵四 ',[' 工龄 ',' 职称 ']]=[5,' 讲师 ']
# 将所有人的工龄工资增加 100
df7[' 工龄工资 ']=df7[' 工龄工资 ']+100
print(df7)
```

运行代码，查看修改结果。

13.3.3 删除数据

删除数据，主要使用 DataFrame 对象中的 drop 方法。基本格式如下：df.drop (labels，axis，inplace)。

其参数说明如下：

labels：表示行标签或列标签。

axis：axis=0 表示删除行，axis=1 表示删除列，当要删除行时，可以省略不写。

inplace：inplace=False 表示删除后生成一个新的 DataFrame 对象，原数据不受影响；inplace=True 表示直接在原 DataFrame 对象删除。inplace 的默认值为 False。

【示例 13-30】在【示例 13-29】基础上删除朱文的信息，并查看删除后 df7 的变化。代码如下：

```
df8=df7.drop(labels=' 朱文 ')
print(df8)
print(df7)
```

代码中，将删除后的结果赋值给变量 df8，语句中省略 axis 的值，表示删除行，省略 inplace，表示 inplace=False，即不影响原 df7 的值。

运行代码，结果如图 13-22 所示。

	性别	工龄	职称	福补	工龄工资	
张颖	女	15	副高	45	850	df8
孙涛	男	8	讲师	40	500	
赵四	男	5	讲师	40	250	
	性别	工龄	职称	福补	工龄工资	
张颖	女	15	副高	45	850	df7
孙涛	男	8	讲师	40	500	
朱文	男	23	正高	40	1250	
赵四	男	5	讲师	40	250	

图 13-22 【示例 13-30】运行结果

【示例 13-31】在【示例 13-30】基础上删除职称和工龄工资列的数据，替换原有数据。代码如下：

```
df7.drop(labels=[' 职称 ',' 工龄工资 '],axis=1,inplace=True)
print(df7)
```

运行代码，结果如图 13-23 所示。

	性别	工龄	福补
张颖	女	15	45
孙涛	男	8	40
朱文	男	23	40
赵四	男	5	40

图 13-23 【示例 13-31】运行结果

在使用 drop 方法删除多行或者多列时，可以将多个行标签或列标签放入同一个列表中，如【示例 13-31】所示。

13.4 DataFrame 数据处理与分析

13.4.1 DataFrame 对象数据统计计算

pandas 提供了大量的数据计算函数，可以满足日常数据统计计算需要，其中常用的有求和函数 sum( )、求平均值函数 mean( )、求最大值函数 max( )、求最小值函数 min( ) 等。

1. 数据计算

调用函数进行数据计算的基本格式为：df. 函数名 (axis)。其中 axis=0，表示按列计算，axis=1，表示按行计算，省略不写时，axis 默认为 0。

（1）按列计算。

【示例 13-32】按列计算案例。代码如下：

```
import pandas as pd
df9=pd.read_excel(r'C:\pandas 数据分析基础 \ 员工工资表 .xlsx',index_col=' 姓名 ')
# 查看 excel 文件读取结果
print(df9)
# 计算并输出每一列的最大值
print(df9.max( ))
# 计算并输出工资、提成、奖金列的最大值
print(df9.max( )[' 工资 ':' 奖金 '])
# 计算并输出提成列的最大值
print(df9.max( )[' 提成 '])
```

运行代码，参考原表数据查看运行结果。

（2）按行计算。

【示例 13-33】按行计算案例。代码如下：

```
# 新增总收入列，总收入为员工各单项收入之和
df9[' 总收入 ']=df9.sum(axis=1)
# 查看新增列后的结果
print(df9)
```

201

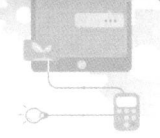

运行代码，查看运行结果。

2. 分组统计计算

分组统计计算类似于 Excel 中的分类汇总，即先将原数据按照某一列的值进行分组，值相同的归为一组，然后再对每一组指定值进行计算。基本格式为：df.groupby(列标签). 统计计算函数。

【示例 13-34】统计员工工资表中各部门工资、提成、奖金的平均值。代码如下：

```
import pandas as pd
df10=pd.read_excel(r'C:\pandas 数据分析基础 \ 员工工资表 .xlsx',index_col=' 姓名 ')
print(df10.groupby(' 部门 ').mean( ))
```

运行代码，查看运行结果。

13.4.2　DataFrame 对象数据整理

在数据分析前，一般要对数据进行整理，以保证数据质量，提高分析的效率和准确性，在 DataFrame 对象中，一般的数据整理包括缺失值处理、重复值处理和数据排序等。

1. 缺失值处理

缺失值是指由于某种原因导致的数据为空的情况。

（1）缺失值查看。查看缺失值主要使用 DataFrame 对象中的 info 方法，基本格式为：df.info( )。

【示例 13-35】读取 "9 月办公用品采购清单 .xlsx"，并查看缺失值情况。代码如下：

```
import pandas as pd
df11=pd.read_excel(r'C:\pandas 数据分析基础 \9 月办公用品采购清单 .xlsx')
print(df11.info( ))
```

运行代码，结果如图 13-24 所示。

```
0   采购部门    7 non-null    object
1   采购物品    7 non-null    object
2   采购数量    5 non-null    float64
3   单价      6 non-null    float64
```

图 13-24　【示例 13-35】运行结果

从结果可以看出，第 1 列和第 2 列有 7 个非空值，第 3 列 5 个非空值，第 4 列 6 个非空值。

（2）删除缺失值。删除缺失值是指将含有缺失值的行删除，主要使用 dropna( ) 方法，该方法用于删除含有缺失值的行。基本格式为：df.dropna(inplace)。

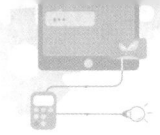

如果 inplace=False，删除后生成一个新的对象，原数据不受影响；inplace=True 表示直接在原数据中删除。inplace 默认值为 False。

【示例 13-36】删除 df11 中的缺失值后赋值给 df12，df11 保持不变。代码如下：

```
df12=df11.dropna( )
print(df12)
print(df11)
```

运行代码，结果如图 13-25 所示。

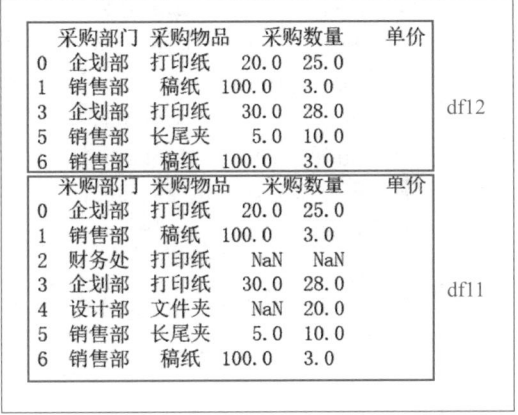

图 13-25 【示例 13-36】运行结果

从运行结果可以看出，df11 在执行 dropna( ) 后没有发生变化，df12 是 df11 删除所有含有空值的行之后的结果。

（3）缺失值填充。填充缺失值是指用指定的值填充缺失的值，主要使用 fillna( ) 方法，基本格式为：df.fillna(要填充的值 ,inplace)。inplace 用法同上。

【示例 13-37】将 df11 中，采购数量列缺失值填充为 30。代码如下：

```
df11[' 采购数量 '].fillna(30,inplace=True)
print(df11)
```

运行代码，结果如图 13-26 所示。

	采购部门	采购物品	采购数量	单价
0	企划部	打印纸	20.0	25.0
1	销售部	稿纸	100.0	3.0
2	财务处	打印纸	30.0	NaN
3	企划部	打印纸	30.0	28.0
4	设计部	文件夹	30.0	20.0
5	销售部	长尾夹	5.0	10.0
6	销售部	稿纸	100.0	3.0

图 13-26 【示例 13-37】运行结果

【示例 13-38】将 df11 中，单价列缺失值填充为打印纸的平均单价。代码如下：

```
df11.fillna(df11.groupby(' 采购物品 ').mean( ).loc[' 打印纸 ',' 单价 '],inplace=True)
print(df11)
```

代码中，"df11.groupby('采购物品').mean( )"是指按采购物品分组汇总平均值，然后抽取打印纸的单价作为填充值。

运行代码，结果如图 13-27 所示。

	采购部门	采购物品	采购数量	单价
0	企划部	打印纸	20.0	25.0
1	销售部	稿纸	100.0	3.0
2	财务处	打印纸	30.0	26.5
3	企划部	打印纸	30.0	28.0
4	设计部	文件夹	30.0	20.0
5	销售部	长尾夹	5.0	10.0
6	销售部	稿纸	100.0	3.0

图 13-27 【示例 13-38】运行结果

2. 重复值处理

重复值包括重复的行或者某几行中某几列的重复值，一般做删除处理，主要使用 DataFrame 对象中的 drop_duplicates( ) 方法。基本格式为：df.drop_duplicates(列名列表 ,keep,inplace)。各参数含义如下：

列名列表：指定在哪些列中查找重复项。如果省略该参数，则当所有列的值均相同时才认定为重复值。

keep："keep=first"表示删除重复值时，保留重复项中的第一行，"keep=last"表示删除重复值时，保留重复项中的最后一行，"keep=False"表示删除所有重复的行。省略该参数时，默认为 first。

inplace：指定是否在原地修改 DataFrame。inplace=True 表示直接在原 DataFrame 上修改，inplace=False 表示返回一个新的 DataFrame，原 DataFrame 不变。省略该参数时，默认为 False。

【示例 13-39】删除 df11 中的重复行，将结果赋值给 df13。代码如下：

```
df13=df11.drop_duplicates( )
print(df13)
```

运行代码，结果如图 13-28 所示。

从结果可以看出，与第 2 行重复的第 7 行被删除。

【示例 13-40】删除 df11 中采购部门和采购物品重复的行。代码如下：

```
df11.drop_duplicates([' 采购部门 ',' 采购物品 '],inplace=True)
```

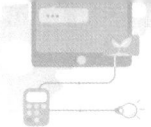

	采购部门	采购物品	采购数量	单价
0	企划部	打印纸	20.0	25.0
1	销售部	稿纸	100.0	3.0
2	财务处	打印纸	30.0	26.5
3	企划部	打印纸	30.0	28.0
4	设计部	文件夹	30.0	20.0
5	销售部	长尾夹	5.0	10.0

图 13-28 【示例 13-39】运行结果

```
print(df11)
```

运行代码，结果如图 13-29 所示。

	采购部门	采购物品	采购数量	单价
0	企划部	打印纸	20.0	25.0
1	销售部	稿纸	100.0	3.0
2	财务处	打印纸	30.0	26.5
4	设计部	文件夹	30.0	20.0
5	销售部	长尾夹	5.0	10.0

图 13-29 【示例 13-40】运行结果

3. 数据排序

DataFrame 对象数据排序主要使用 sort_values( ) 方法，基本格式为：df.sort_values(by,ascending,inplace)。

各参数含义如下：

by：指定排序依据，即按照哪一列或哪几列进行排序。

ascending：排序方式，ascending=False 表示降序排列，ascending=True 表示升序排列，省略时默认为升序。

inplace：指定是否在原地修改 DataFrame。inplace=True 表示直接在原 DataFrame 上排序，inplace=False 表示返回一个新的 DataFrame，原 DataFrame 不变。省略该参数时，默认为 False。

【示例 13-41】将 df11 中的数据按照采购数量降序排列。代码如下：

```
df11.sort_values(by=' 采购数量 ',ascending=False,inplace=True)
print(df11)
```

运行代码，结果如图 13-30 所示。

第 13 章
AI 赋能

205

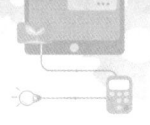

	采购部门	采购物品	采购数量	单价
1	销售部	稿纸	100.0	3.0
2	财务处	打印纸	30.0	26.5
4	设计部	文件夹	30.0	20.0
0	企划部	打印纸	20.0	25.0
5	销售部	长尾夹	5.0	10.0

图 13-30　【示例 13-41】运行结果

课后练习 ▶▶▶

一、填空题

1. pandas 库的核心数据结构有_____和_____。

2. 创建 Series 对象时，如果未指定行标签索引，自动生成的索引是_____。

3. 如果要删除 DataFrame 对象中的某列数据，应使用的方法是_____。

4. 在 DataFrame 对象中，删除含有缺失值的行的方法是_____。

5. 如果要对 DataFrame 对象中的数据进行排序，应使用的方法是_____。

二、实战题

假设你是一名数据分析师，负责分析一家公司的销售数据，公司提供了一份包含订单编号、下单时间、产品名称、省份、经理、数量、单价、成本额、销售额的 excel 文件"办公用品销售数据 .xlsx"。请按下面的任务要求完成订单数据的处理与分析。

1. 数据导入

使用 pandas 的 read_excel( ) 方法将"办公用品销售数据 .xlsx"文件第一个工作表导入为 DataFrame 对象。假设文件路径为 'C:\ 公司数据 \ 员工工资表 .xlsx'，第一行作为列标签，第一列作为行标签。

2. 数据清洗

（1）检查数据中是否存在缺失值，如果有，将数量列缺失值填充为 2，销售额列缺失值填充为"单价 * 数量"，其余列如有缺失值，缺失值填充为该列的平均值。

（2）删除数据中的重复行，保留第一次出现的记录。

3. 数据处理与分析

（1）新增"利润"列，利润=销售额－成本额。

（2）根据"经理"列的值对数据进行分组，计算每位经理销售额总和。

（3）将数据按照"销售额"降序排列，当销售额相同时，按"数量"降序排列。

（4）输出销售额最高的 5 个订单信息。

第 14 章

Python 趣味拓展

14

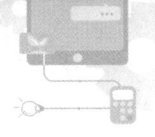

学习目标 >>>

知识目标

1. 了解 Python 的爬虫功能。
2. 了解 Python 对办公文档的处理方法。

技能目标

1. 能够运用 Python 处理财务文件。
2. 通过 Python 爬取网络数据。

素养目标

1. 通过了解 Python 的爬虫功能，培养利用工具替代人力解决问题的理念。
2. 通过运用 Python 做辅助的技能学习，培养"他山之石可以攻玉"的解决问题之道。

逻辑维度目标

培养高效处理大量数据文件的思维。

思维导图 >>>

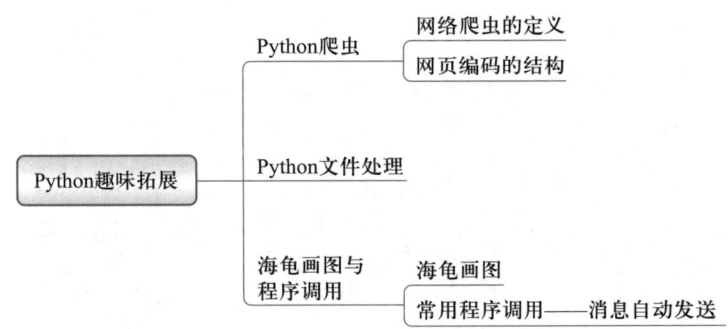

14.1 Python 爬虫

14.1.1 网络爬虫的定义

人们对网络爬虫有很多定义，总结为可以从各大网站爬取海量的公开数据，然后进行结构化整理后存储在本地，供自己研究分析使用。

💬 小知识

有的网站是禁止爬虫爬取具体信息的，比如有的网文连载网站，会把每次更新的内容都用专门的代码进行加密，这样我们通常使用的从网页编码的源码根据关键字截取数据的方式就会失效。那么这些网站为什么要这么做呢？一个原因是不希望爬虫耗费它珍贵的网络带宽资源，让真人用户访问阅读的体验不好。另一个原因是真人去网站阅读小说时，会看到网页相关的广告，但 Python 程序爬取数据就不会看广告，这会导致网站广告收入减少。我们应该树立网络安全意识，见微知著，全面贯彻总体国家安全观。

14.1.2 网页编码的结构

网页源代码。无论你是用什么样的浏览器，都会有一个网页源代码的选项，找到这个选项选择它就能看到网页的源代码。

以百度新闻主页为例，打开百度新闻的主页，找到"查看页面源代码"选项（见图 14-1），单击此选项就能看到网页的源代码。请注意，这里展示的是 Edge 浏览器的操作方式，不同浏览器显示页面源文件的方法不同，例如谷歌浏览器按 F12 即可。

百度新闻的网页源代码如图 14-2 所示。

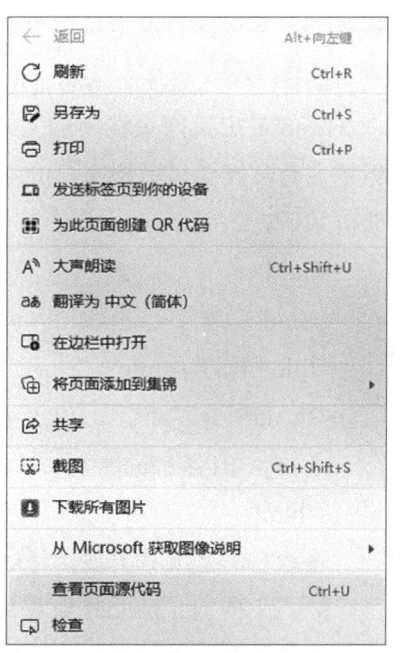

图 14-1 百度新闻网页源代码选项

209

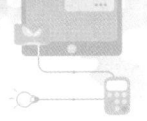

图 14-2　百度新闻网页源代码

💬 **小知识**

　　被特意保护的网页源代码不能通过此种方法获得。财务人员看这些代码的时候，很可能无法理解其含义。其实如果我们认真研究就会发现，大片的代码中总有那么几个主要的关键字，它们是网页源代码最为重要的区分标志。下面我们简单解释一下这几个关键字：head、title 和 body。

　　head 是定义网页性质的关键字段，并不是展示给用户看的。title 是这个网页的标签，有时候会显示到窗口的左上角标签。body 就是网页的内容。简单网页的 html 架构如下：

　　<html>

　　<head>

　　<title> 标题 </title>

　　</head>

　　<body> 内容 </body>

　　</html>

　　注意它们是成对出现，且后一个出现时前面有反斜杠。

　　【示例 14-1】pandas 数据抓取。如果我们要看某个上市公司的盈利能力，新浪财经是个包含相关数据的网站，pandas 库也是一个非常好的工具，我们用四行代码就可以轻松抓取新浪财经上的相关数据。代码如下：

```
import pandas as pd  # 引入 pandas 库
url='http://vip.stock.finance.sina.com.cn/q/go.php/vFinanceAnalyze/kind/profit/index.
phtml?s_i=&s_a=&s_c=&reportdate=2023&quarter=4' # 定义一个链接地址
df=pd.read_html(url)[0] # 用 pandas 库的 read_html 方法把所需要的数据爬取下来
print(df) # 呈现到屏幕
```

运行代码，结果如图 14-3 所示，具体数据随运行时间不同而有差别。

```
     股票代码    股票名称   净资产收益率(%)↓  ...         每股收益(元)  营业收入(百万元)  每股主营业务收入(元)
0     2564   *ST天沃     1048.63   ...   1.3951   3770.6857        4.3901
1   600136    ST明诚      763.79   ...   1.3987    399.8715        0.1959
2   600396   华电辽能      611.75   ...   1.4533   6274.9235        4.2608
3      692   惠天热电      563.53   ...   1.8334   1964.8741        3.6875
4     2482   广田集团      274.08   ...   0.5669   1002.4930        0.2672
5      711   *ST京蓝      145.17   ...   0.3695    148.9408        0.0521
6     2086   东方海洋      108.17   ...   0.8931    437.2334        0.2231
7     2021   中捷资源       96.21   ...   0.4933    718.1866        0.5958
8       68   华控赛格       93.48   ...   0.6495    921.1717        0.915
9     2157   正邦科技       85.30   ...   0.9172   6991.6777        0.7519
10  603688   石英股份       66.93   ...  13.9481   7184.2311       19.8856
11  600132   重庆啤酒       62.45   ...   2.7617  14814.8364       30.6109
12     796   凯撒旅业       59.07   ...   0.3784    582.0706        0.3626
13    2668   TCL智家       55.63   ...   0.7255  15179.6478       14.0019
14     972   中基健康       53.17   ...   0.1403    575.7794        0.7465
15    2172   澳洋健康       52.92   ...   0.0648   2173.7676        2.8388
16    2786   银宝山新       49.58   ...   0.4939   2321.8509        4.6848
17      48   京基智农       45.32   ...   3.2913  12417.0062       23.4031
18  603519   立霸股份       43.82   ...   2.4023   1524.2331        5.7231
19  301581   黄山谷捷       37.69   ...       --    758.9864            --
20     890    法尔胜       37.53   ...   0.0272    445.9305        1.0629
```

图 14-3 抓取新浪财经的相关数据

当然要完成这个动作我们要先安装 pandas 库，为了方便引入和读取网页上的数据，可能还需要安装 lxml 库。关于如何安装库我们在前面的章节中已经讲到，这里不再赘述。

🔍 知行合一

现在国家对数据行业和数据相关业务的监督管理非常严厉。

X 公司是某快递公司的分包服务商，可以登录该快递公司的后台查询快递信息。X 公司的一名员工自行开发了一个爬虫软件，利用这家快递公司给的权限密码登录后台系统，抓取了后台 25 万条用户信息。这个案件被发现后，开发爬虫软件的员工被定为主犯抓捕，公司法人被定为从犯一起抓捕。公司法人没有参与这件事，不是第一责任人，但仍然是责任关系方。从判刑上来看，主犯是 3~7 年量刑，从犯是 1~2 年量刑。可见，数据安全的问题是涉及全行业的，不仅限于金融科技领域。

利用爬虫技术收集公民个人信息数据，应当获得被收集人的同意，尤其是在数据中包含身份证号、信用信息等敏感数据的情况下，还需要获得明示同意。同时利用网络漏洞非法下载、非法购买等行为，都属于"非法获取"公民个人信息。

在本章节中我们学习了爬虫爬取网页信息，不同规模的网络爬虫会对所爬取网

站产生不同程度的影响，受限于编写水平和目的，网络爬虫会对 Web 服务器带来巨大的资源开销，服务器上的数据有产权归属，网络爬虫获取数据后牟利将带来法律风险，通过案例我们应该明白在使用爬虫爬取网页信息时要"取之有道，用之有道"，要遵守法律法规和相关要求。

14.2　Python 文件处理

在 13 章中我们已经了解到使用 Python 处理 Excel 文档的基础操作，本小节我们将会学习如何用 Python 操作 Word 文档。使用 Python 操作 Word 文档时需要首先导入 docx 库。docx 是一个非标准库，因此需要在命令行（终端）中使用 pip 安装 docx 库，命令如下：

pip install Python-docx

需要注意，安装的时候是"Python-docx"而实际调用时均为"docx"。

Word 文案结构分解示意图如图 14-4 所示。

图 14-4　Word 文案结构分解示意图

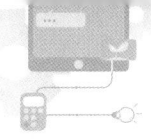

Word 中的内容一般可以结构化成三个部分：

- 文档 Document
- 段落 Paragraph
- 文字块 Run

也就是 "Document – Paragraph – Run" 三级结构，这是最普遍的情况。其中文字块 Run 最难理解，并不能完全按照图中所示，两个符号之间的短句是文字块。通常情况下可以这么理解，但假如这个短句子中有多种不同的样式，则会被划分成多个文字块。

【示例 14-2】Word 文档的创建与写入。我们可以使用 Python 创建一个新的 Word 文档并写入文案。代码如下：

```python
# 创建 word 文档
import docx
doc=docx.Document( )
# 写入段落
doc.add_paragraph(" 段落 1")
# 添加分页
doc.add_page_break( )
# 保存 word 文档
doc.save(' 创建并写入 .docx')
```

运行代码，结果如图 14-5 所示。

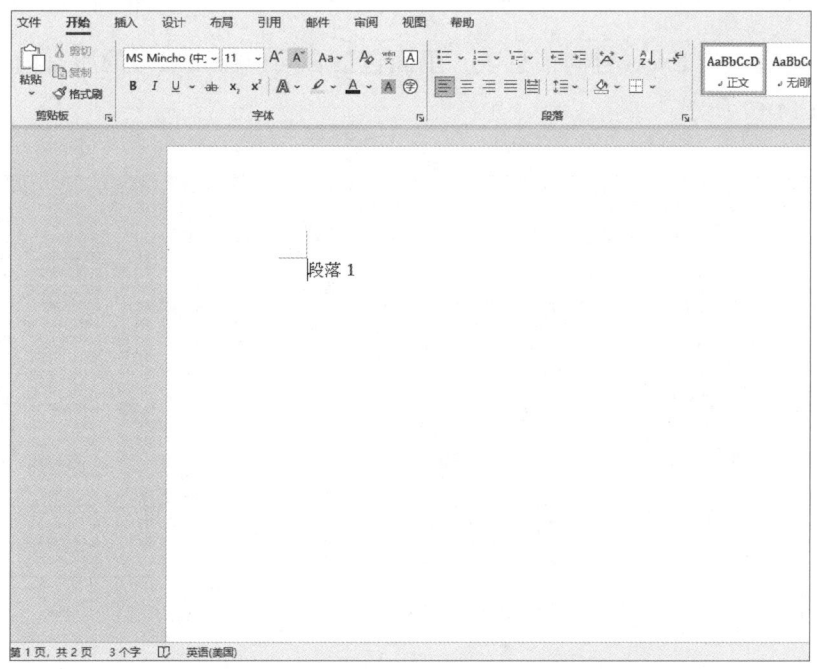

图 14-5　打开创建的文档可见有一段文字及两页

213

【示例 14-3】一秒制作百份合同。假设此时你是乙方建筑公司的员工，手上有一份空白合同模板的 Word 文件，空白合同如图 14-6 所示。

合同

发包人：_____

承包人：_____

依照《中华人民共和国建筑法》及其他有关法律、行政法规，遵循平等、自愿、公平和诚实信用的原则，双方就本建设工程施工项目协商一致，签订本合同。

　　一、工程概况

工程名称：_____

工程地点：_____

工程内容：_____

资金来源：_____

　　二、工程承包范围

承包范围：待定

　　三、合同工期

开工日期：_____

竣工日期：_____

　　四、质量标准

工程质量标准

　　五、合同价款

金额（大写）：_____ 元（人民币）¥：_____元

　　六、合同生效

合同签订时间：_____

合同签订地点：_____

发包人：_____　　　　　承包人（公章）：

电话：_____　　　　　　电话：_____

开户银行：_____　　　　开户银行：_____

账号：_____　　　　　　账号：

图 14-6　空白合同

另外还有一份 Excel 合同信息表，里面包括合同中需要填写的所有内容，表格信息如图 14-7 所示。

	A	B	C	D	E	F	G	H	I	J	K	L	M	N
1	#发包人#	#工程名称#	#工程地点#	#工程内容#	#资金来源#	#开工日期#	#竣工日期#	#人民币#	#合同款项#	#签订日期#	#签订地点#	#电话#	#银行#	#账号#
2	A公司	A花园	A市	建设A花园	无	2020年3月1日	2022年3月1日	壹万	10000	2020年2月1日	文博广场	8008208820	A银行	123
3	B公司	B小区	B市	建设B小区	无	2020年3月2日	2022年3月2日	贰万	20000	2020年2月2日	文博广场	8008208821	B银行	223
4	C公司	C公寓	C市	建设C公寓	风投	2020年3月3日	2022年3月3日	叁万	30000	2020年2月3日	文博广场	8008208822	C银行	323
5	D公司	D花园	D市	建设D花园	无	2020年3月4日	2022年3月4日	肆万	40000	2020年2月4日	文博广场	8008208823	D银行	423
6	E公司	E写字楼	E市	建设E写字楼	无	2020年3月5日	2022年3月5日	伍万	50000	2020年2月5日	文博广场	8008208824	E银行	523
7	F公司	F住宅	F市	建设F住宅	无	2020年3月6日	2022年3月6日	陆万	60000	2020年2月6日	文博广场	8008208825	F银行	623
8	G公司	G体育场	G市	建设G体育场	银行	2020年3月7日	2022年3月7日	柒万	70000	2020年2月7日	文博广场	8008208826	G银行	723
9	H公司	H花园	H市	建设H花园	无	2020年3月8日	2022年3月8日	捌万	80000	2020年2月8日	文博广场	8008208827	H银行	823
10	I公司	I公寓	I市	建设I公寓	无	2020年3月9日	2022年3月9日	玖万	90000	2020年2月9日	文博广场	8008208828	I银行	923
11	J公司	J写字楼	J市	建设J写字楼	无	2020年3月10日	2022年3月10日	拾万	100000	2020年2月10日	文博广场	8008208829	J银行	1023
12	K公司	K小区	K市	建设K小区	无	2020年3月11日	2022年3月11日	壹万	10000	2020年2月11日	文博广场	8008208830	K银行	1123
13	L公司	L小区	L市	建设L小区	无	2020年3月12日	2022年3月12日	贰万	20000	2020年2月12日	文博广场	8008208831	L银行	1223
14	M公司	M小区	M市	建设M小区	银行	2020年3月13日	2022年3月13日	叁万	30000	2020年2月13日	文博广场	8008208832	M银行	1323
15	N公司	N公寓	N市	建设N公寓	无	2020年3月14日	2022年3月14日	肆万	40000	2020年2月14日	文博广场	8008208833	N银行	1423
16	O公司	O住宅	O市	建设O住宅	无	2020年3月15日	2022年3月15日	伍万	50000	2020年2月15日	文博广场	8008208834	O银行	1523
17	P公司	P写字楼	P市	建设P写字楼	风投	2020年3月16日	2022年3月16日	陆万	60000	2020年2月16日	文博广场	8008208835	P银行	1623
18	Q公司	Q花园	Q市	建设Q花园	无	2020年3月17日	2022年3月17日	柒万	70000	2020年2月17日	文博广场	8008208836	Q银行	1723
19	R公司	R住宅	R市	建设R住宅	无	2020年3月18日	2022年3月18日	捌万	80000	2020年2月18日	文博广场	8008208837	R银行	1823
20	S公司	S公寓	S市	建设S公寓	无	2020年3月19日	2022年3月19日	玖万	90000	2020年2月19日	文博广场	8008208838	S银行	1923
21	T公司	T小区	T市	建设T小区	无	2020年3月20日	2022年3月20日	拾万	100000	2020年2月20日	文博广场	8008208839	T银行	2023
22	U公司	U小区	U市	建设U小区	无	2020年3月21日	2022年3月21日	壹万	10000	2020年2月21日	文博广场	8008208840	U银行	2123

图 14-7　合同信息表

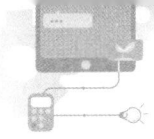

Excel 表格中的每一行记录了一个公司的全部信息。如果我们对照着表格逐项填写 Word 中的合同内容，需要花费大量的时间，并且在手动输入的时候可能会填错信息，这时 Python 作为我们的好帮手，可以帮助我们快速地生成多份合同。下面我们就一起来了解一下吧！

首先，我们需要对合同模板进行修改以便 Python 能够知道每一个下划线上需要填写什么样的信息。这里，我们在需要填写内容的下划线上补充汇总表中的列名，如图 14-8 所示。

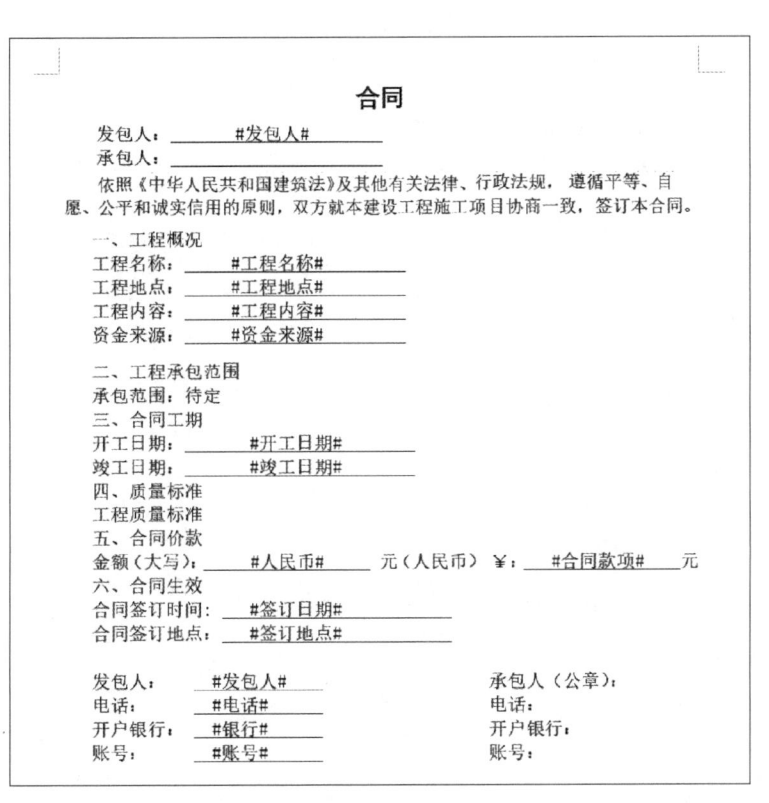

图 14-8　修改空白合同模板

这样一来，程序就可以进行文本替换了。注意，列名需要用"#"标注出来，目的是区分正常文本和需要进行替换的合同内容，如果不进行区分，那么正常的文本内容也会被替换掉。

接下来，我们只需要打开 Excel 合同信息表，按列循环，然后按单元格逐个循环各个信息，每个信息都找到模板中存在的对应列名并将其替换。每次循环完一行的全部单元格后保存合同，生成各个公司单独的合同。

批量生成合同的代码如下：

```
from docx import Document
from openpyxl import load_workbook
```

```python
import os
path = r'C:/Users/HP/Desktop/合同制作 '
if not os.path.exists(path + '/' + ' 全部合同 '):
    os.mkdir(path + '/' + ' 全部合同 ')
workbook = load_workbook('C:/Users/HP/Desktop/合同制作/合同信息表 .xlsx')
sheet = workbook.active
for table_row in range(2, sheet.max_row + 1):
    wordfile = Document('C:/Users/HP/Desktop/合同制作/合同制作模板 .docx')
    for table_col in range(1, sheet.max_column + 1):
        old_text = str(sheet.cell(row=1, column=table_col).value)
        new_text=str(sheet.cell(row=table_row,column=table_col).value)
        old_text = old_text.replace("#",'')
        # exit(1)
        if ' ' in new_text:
            new_text = new_text.split( )[0]
        # 文档 Document － 段落 Paragraph － 文字块 Run
        all_paragraphs = wordfile.paragraphs
        for paragraph in all_paragraphs:
            for run in paragraph.runs:
                run.text = run.text.replace(old_text, new_text)
        all_tables = wordfile.tables
        for table in all_tables:
            for row in table.rows:
                for cell in row.cells:
                    cell.text=cell.text.replace(old_text, new_text)
    # 获取公司名用以生成合同的名称
    company = str(sheet.cell(row=table_row, column=1).value)
    wordfile.save(path + '/' + f' 全部合同/{company} 合同 .docx')
```

运行代码，结果如图 14-9 所示。

打开相应的合同文件我们可以发现模板文件中对应的空白处都替换上了相应的公司信息，如图 14-10 所示。

216

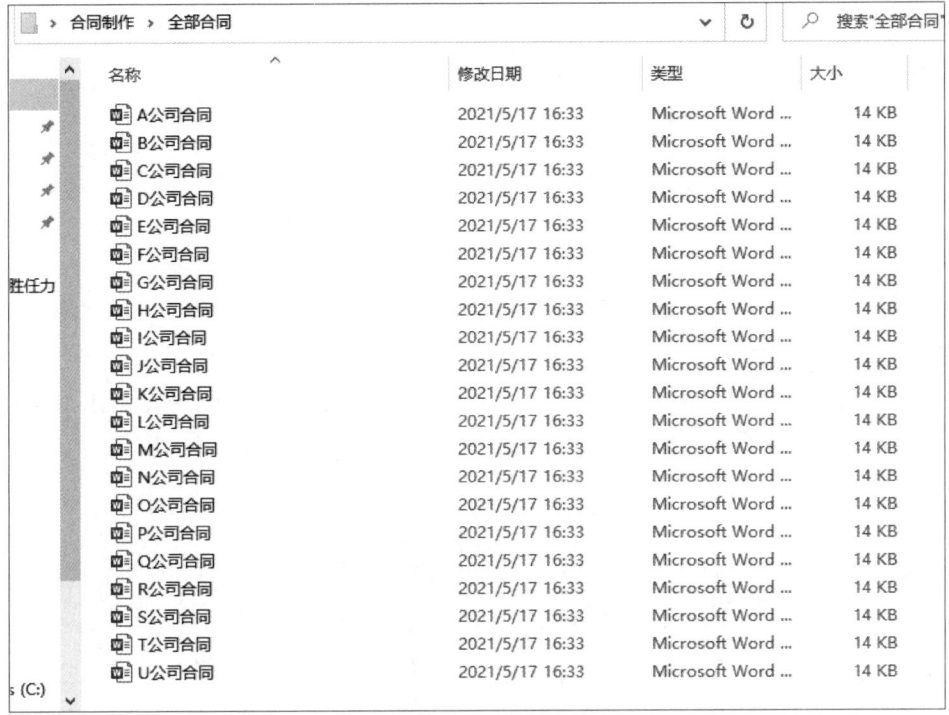

图 14-9　快速生成多份独立合同

合同

发包人：　　　　A 公司　　　　　
承包人：　　　　　　　　　　　　
依照《中华人民共和国建筑法》及其他有关法律、行政法规，遵循平等、自愿、公平和诚实信用的原则，双方就本建设工程施工项目协商一致，签订本合同。

一、工程概况
工程名称：　　　A 花园　　　　
工程地点：　　　A 市　　　　　
工程内容：　　建设 A 花园　　　
资金来源：　　　无　　　　　　
二、工程承包范围
承包范围：待定
三、合同工期
开工日期：　　　2020 年 3 月 1 日　
竣工日期：　　　2022 年 3 月 1 日　
四、质量标准
工程质量标准

图 14-10　生成合同内容

217

14.3

海龟画图与程序调用

14.3.1　海龟画图

海龟画图是一种用于绘制图形的编程方式，它以直观、有趣的方式让用户通过控制一只虚拟的"海龟"来绘制各种形状和图案。

首先介绍一下常用的代码，表 14-1 是海龟画图中以角度表示的几个常用绘图方向。

表 14-1　角度的常用绘图方向

标准模式	logo 模式
0-东	0-北
90-北	90-东
180-西	180-南
270-南	270-西

海龟画图中其他一些常用命令如表 14-2 至表 14-4 所示。

表 14-2　画笔控制命令

命令	含义
turtle.pensize(size)|width(size)	size 选择画笔粗细大小
turtle.pencolor( )	画笔颜色
turtle.fillcolor(color string)	绘制图形的填充颜色
turtle.(color1,color2)	同时设置 pencolor=color1,fillcolor=color2
turtle.filling( )	返回当前是否在填充状态
turtle.begin_fill	准备开始填充图形
turtle.end_fill	填充完成
turtle.hideturtle( )|ht( )	隐藏箭头显示
Turtle.showturtle( )|st( )	与 hideturtle( ) 函数对应

表 14-3 全局控制命令

命令	说明
turtle.clear( )	清空 turtle 窗口，但是 turtle 的位置和状态不会改变
turtle.resrt( )	清空窗口，重置 turtle 状态为起始状态
turtle.undo( )	撤销上一个 turtle 状态动作
turtle.isvisible( )	返回当前 turtle 是否可见
stamp( )	复制当前图形
turtle.write(s[,font＝("font－name",font_size,"font_type")])	写文本，s 为文本内容，font 是字体的参数，里面分别为字体名称，大小和类型；font 为可选项，font 的参数也是可选项

表 14-4 画笔运动命令

命令	说明
turtle.forward(distance)|fd( )	向当前画笔方向移动 distance 像素长度
turtle.backward(distance)|bk( )|back( )	向当前画笔相反方向移动 distance 像素长度
turtle.right(degree)|rt( )	顺时针旋转 degree 度
turtle.left(degree)|lt( )	逆时针旋转 degree 度
turtle.pendow( )|pd( )|down( )	移动时绘制图形，省略时也为绘制
turtle.goto(x,y)	将画笔移动到坐标为 x,y 的位置
turtle.penup( )|pu( )|up( )	移动时不绘制图形，提起笔，用于另一个地方绘制时用
turtle.speed(n)	画笔绘制的速度 n=1(慢)~10(快),0(最快)
turtle.cirle( )	画圆，半径为正（负），表示圆心在画笔的左边（右边）画圆

【示例 14-4】使用海龟画图绘制螺旋图，代码如下：

```
import turtle  # 导入 turtle 模块
t = turtle.Pen( ) # 创建画笔
for x in range(360): # 循环 360 次
    t.forward(x) ## 往前移动
    t.left(59)# 逆时针旋转（59 度）
```

运行代码，结果如图 14-11 所示。

219

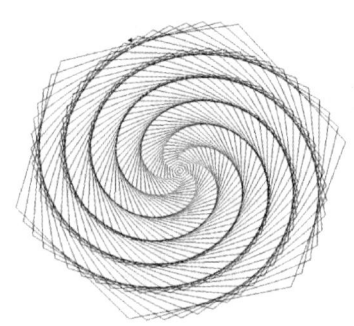

图 14-11　螺旋图

【示例 14-5】绘制奥运五环，代码如下：

```python
import turtle # 导入 turtle 模块
turtle.width(10) # 半径为 10
turtle.color("blue") # 填充颜色
turtle.circle(50) # 画一个半径为 50 的圆
turtle.color("black") # 填充颜色
turtle.penup() # 抬笔
turtle.goto(120,0) # 跳到（120, 0）这个坐标
turtle.pendown() # 下笔
turtle.circle(50) # 画一个半径为 50 的圆
turtle.color("red") # 填充颜色
turtle.penup() # 抬笔
turtle.goto(240,0)# 跳到（240, 0）这个坐标
turtle.pendown() # 下笔
turtle.circle(50) # 画一个半径为 50 的圆
turtle.color("yellow") # 填充颜色为黄色
turtle.penup() # 抬笔
turtle.goto(60,-50) # 跳到（60, -50）这个坐标
turtle.pendown() # 下笔
turtle.circle(50) # 画一个半径为 50 的圆
turtle.color("green") # 填充颜色为绿色
turtle.penup() # 抬笔
turtle.goto(180,-50) # 跳到（180, -50）这个坐标
turtle.pendown() # 下笔
turtle.circle(50) # 画一个半径为 50 的圆
```

运行代码，结果如图 14-12 所示。

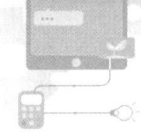

图 14-12 奥运五环

14.3.2 常用程序调用——消息自动发送

使用 Python 可以自动发送 QQ 消息给好友，信息的数量和内容可以根据使用者的需要进行设置，建议使用以下程序对 QQ 好友进行试验，重在体验 Python 调用QQ 聊天程序的功能，日常请大家谨慎使用此功能。

使用 Python 的内置库——Time，用函数调用键盘和鼠标。

【示例 14-6】用 Python 调用 QQ 聊天程序，代码如下：

```
import time
from pynput.keyboard import Controller as key_cl
from pynput.mouse import Button, Controller
def keyboard_input(string):
    '''
    :param string: 你想要发送的信息
    :return: None
    '''
    keyboard = key_cl( )  # 开始控制键盘
    keyboard.type(string)  # 键盘输入 string


def mouse_click( ):  # 点击发送消息
    mouse = Controller( )  # 开始控制鼠标
    mouse.press(Button.left)  # 按住鼠标左键
    mouse.release(Button.left)  # 放开鼠标左键
def main(number, string):  # 参数分别表示你要发多少条信息和发送的内容
    time.sleep(5)  # 此时暂停 5s，方便你打开聊天窗，并把鼠标停放在发送按钮上
    for i in range(number):  # 用循环来控制你发送多少条消息
        keyboard_input(string)
        mouse_click( )
        time.sleep(0.2)
```

221

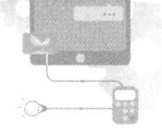

```
if __name__ == '__main__':
    main(10, " 猜猜我是谁 ")
```

运行代码，结果如图 14-13 所示。

图 14-13　发送 QQ 消息

需要特别注意的是，由于每个人的计算机网络环境不同，我们特意设定了 5 秒的时间方便你打开好友的聊天窗口，如果觉得时间不合适可以修改参数进行调整。另外，操作时还要特别注意要把鼠标停放在"发送"按钮上。如果把鼠标放在对话框输入栏中，信息不会发送成功。

总　结 ▶▶▶

本章主要介绍了 Python 爬虫、Python 文档操作、海龟画图和 Python 程序调用四个 python 的趣味运用，希望同学们在学习的过程中既学到了知识又提高了学习兴趣。

课后练习 ▶▶▶

一、填空题

1. Python 可以操作的文档类型包括_____和_____等。

2. 在使用 pandas 库进行网页抓取的第一步是获取网页的_____。

二、实战题

1. 请使用 pandas 库从相关的网页上抓取企业成长能力相关数据。

2. 请同学们用 Python 制作一个属于自己的微信动态表情符。

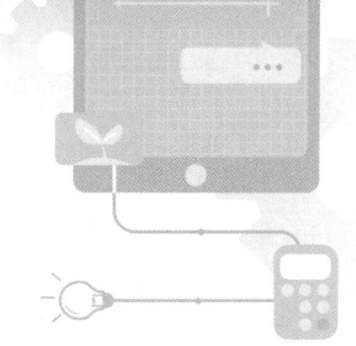

主编简介

王新庆，二级教授，河南经贸职业学院党委书记，河南省职业教育教学专家，河南省教育厅学术技术带头人、河南省教育厅优秀教育管理人才、河南省优秀共产党员。河南省人民政府教育督导委员会督学、中国商业史学会副会长、河南省高等教育学会第三届理事会常务理事、河南省职业教育学会副会长。先后发表论文20余篇，出版专著、教材10余部，主持参与省级课题10多项。

张艺博，副教授，河南经贸职业学院智能财经学院院长，跨计算机和财经专业领域，九三学社河南省委员会科技委员会委员，中企经营会计研究中心理事，证券市场红周刊作者，CCNA思科网络工程师。翻译有《提升交易绩效》《我的股市人生》《江恩股市趋势理论》《交易的本质》《股市晴雨表》等12部证券类书籍。

郑重声明

高等教育出版社依法对本书享有专有出版权。任何未经许可的复制、销售行为均违反《中华人民共和国著作权法》,其行为人将承担相应的民事责任和行政责任;构成犯罪的,将被依法追究刑事责任。为了维护市场秩序,保护读者的合法权益,避免读者误用盗版书造成不良后果,我社将配合行政执法部门和司法机关对违法犯罪的单位和个人进行严厉打击。社会各界人士如发现上述侵权行为,希望及时举报,本社将奖励举报有功人员。

反盗版举报电话　（010）58581999　58582371
反盗版举报邮箱　dd@hep.com.cn
通信地址　北京市西城区德外大街4号
　　　　　高等教育出版社知识产权与法律事务部
邮政编码　100120

读者意见反馈

为收集对教材的意见建议,进一步完善教材编写并做好服务工作,读者可将对本教材的意见建议通过如下渠道反馈至我社。

咨询电话　400-810-0598
反馈邮箱　gjdzfwb@pub.hep.cn
通信地址　北京市朝阳区惠新东街4号富盛大厦1座
　　　　　高等教育出版社总编辑办公室
邮政编码　100029

防伪查询说明

用户购书后刮开封底防伪涂层,使用手机微信等软件扫描二维码,会跳转至防伪查询网页,获得所购图书详细信息。

防伪客服电话　（010）58582300

网络增值服务使用说明

授课教师如需获取本书配套教辅资源,请登录"高等教育出版社产品信息检索系统"（xuanshu.hep.com.cn）,搜索本书并下载资源。首次使用本系统的用户,请先注册并进行教师资格认证。

高教社高职会计教师交流及资源服务QQ群（在其中之一即可,请勿重复加入）:

QQ3群: 675544928　　QQ2群: 708994051（已满）
QQ1群: 229393181（已满）